拳父　上地完文風雲録

上地流流祖の足跡を訪ねて

藤本　恵祐

本書を今は亡き上地完文先生、友寄隆優先生、
上地完英先生、ほか全ての上地流の先達に捧げる

目次

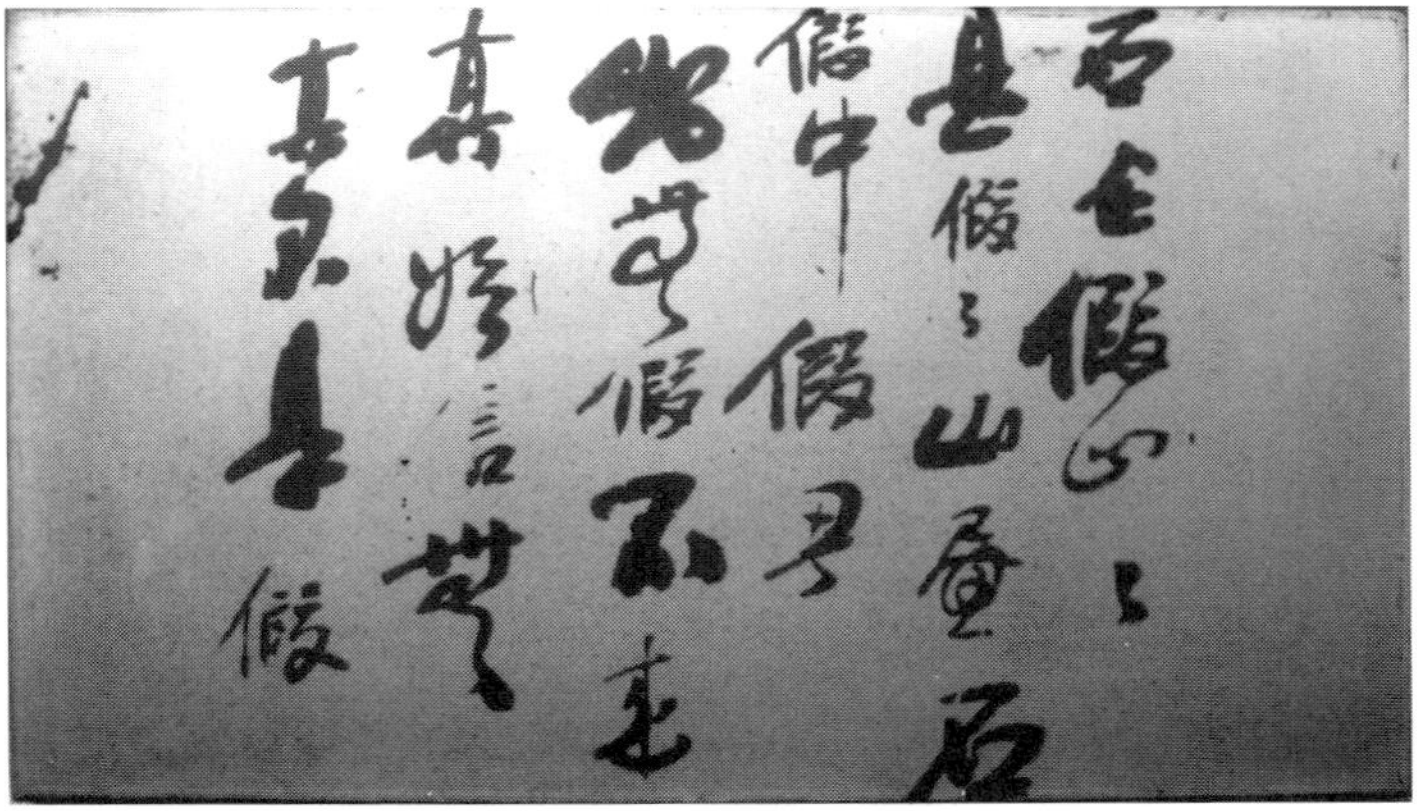

周子和先生 生家壁面の漢詩（中国福建省）

まえがき

二〇〇九年六月、私は沖縄県北部に位置する離島「伊江島」の港に降り立った。対岸の本部港から大型フェリーで約三〇分の航路である。

船上のデッキからは同島のシンボルである「城山」（ぐすくやま、通称・イージマタッチュー）が良く見えた。

この島を訪ねた目的はただひとつ。上地流唐手の開祖・上地完文（一八七七〜一九四八）をよく知る人物に面会するためであった。

以前、沖縄空手道協会（昭平流）相談役＝当時の友寄隆宏氏から、上地完文の足跡について詳しくインタビューする機会を得たが、その際、伊江島に完文をよく知る人物がいると知り、いつか訪ねてみようと心に決めていたのである。

北谷町で夕刻から開催される空手の会合に間に合うよう、手際よく面会を終わらせなければいけないという時間的制約もあり、港から早速タクシーに飛び乗った。目指す先は小高い丘の中腹にあるS・K氏（当時八〇歳、事情により匿名とさせて頂く）のご自宅である。

タクシーの乗務員に何気なく上地流唐手について知っているか聞いてみたが、「すみません、知らないですね」と素っ気ない返事。離島とは言え、空手のメッカ・沖縄でもあり、多少は流派名も知れ渡っているかと期待していたが・・・。

フェリーから望む現在の伊江島（村）

乗務員が無線で場所を確認しながら一〇分ほど坂道を登ると、S・K氏の自宅に到着。玄関に立つと、そこにはご本人とご家族が私の到着を待っておられた。遂に、上地完文をよく知る人物との面会が叶ったのだ。
一般にはあまり知られていないが、完文は様々な事情から晩年をこの伊江島で過ごし、道場を開いて門弟の育成に努めつつ、静かに余生を楽しんでいた。S・K氏は当時の門下生である。
最初は、完文の人柄などをお聞きしておきたいという程度の軽い気持ちで面会を計画したのだが、インタビューが進むにつれ、たくさんの興味深いエピソードが飛び出し、かつ完文の和歌山時代からの門弟（S・K氏の兄、イニシャルが偶然にも同じS・Kとなるため、本書では便宜的にS・K氏兄と表記させて頂く）がまだ伊江島でご健在だという驚くべき事実を知った。

S・K氏とのインタビュー内容は後に触れるが、私が面会を終えるや否や、ご家族が気を利かせてS・K氏兄のご自宅まで案内してくれるという。帰りのフェリーの出発時間も気にはなったが、まさに「乗りかかった船」の言葉通り、二つ返事で快諾して車に飛び乗った。

S・K氏のご自宅から車で約一〇分。同氏の話では、その場所こそが上地完文が晩年寝起きし、道場を開いて空手を指導した場所だったのだ。

S・K氏のご家族が居宅に入ると、一人の古老が二階にある玄関から顔を出してこちらを覗いた。私は思わず車を降りて階段を登り、緊張の面持ちで自己紹介すると、「そうですか。遠いところをよく訪ねてくれました。私は完文先生から、和歌山とここ伊江島で上地流唐手を習いましたよ。今度またゆっくり話を聞きに来たらいいですね。」と言葉をかけていただいた。

S・K氏兄は八〇歳をゆうに超えておられるはずだが、背筋はピンと伸び、歩く姿もかくしゃくたる雰囲気。

「歴史は足で学べ」という言葉もあるが、この伊江島での衝撃的な出会いこそが、私が本書をしたためる、まさにきっかけとなったのである。

上地完文の足跡と功績については、既に『精説 沖縄空手道―その歴史と技法』(一九九七年刊行、上地完英監修)に詳述されているが、それ以降、公の書籍等ではほとんど目にすることもなく、また多少の口伝も一般に知られてはいるものの、歴史的な検証や考査を経ない状態のままであり、神格化或いは偶像化された上地完文像が独り歩きしているのではないかと懸念している。

伊江島を訪問後、独自の調査によって、完文よりパンガヰヌーン・上地流唐手を直接伝授された門弟のうちまだご健在な方は、先の友寄隆宏氏、伊江島在住のＳ・Ｋ氏兄弟、四国徳島在住のＫ氏のわずか四名であることが判明した。(二〇一四年三月現在)

この四氏こそが等身大の上地完文を知るキーマンであり、皆さんがお元気なうちに完文にまつわる様々なエピソードや技法、人柄などについて情報収集し、現在及び後世の上地流唐手修行者のために伝記という形で遺しておくことを決意した次第である。

明治、大正、昭和と激動の時代を駆け抜け、沖縄、中国福建省、和歌山、沖縄と活躍の舞台がダイナミックに変遷したその足跡を追うことは決して容易なことではなかったが、時間と気力、体力の許す限りを本書の執筆に注いだことで、流祖の遺徳と功績に少しでも報いることができれば幸いである。

なお、余談ではあるが、本書執筆のための取材活動中、私が上地完文からまるで背中を押されているかのような、関係者との偶然の出会いや驚くような発見が幾度もあり、その度に「必ずや伝記を完成させなければならない」と、自身を叱咤激励したことをお伝えしておきたい。（具体的なエピソードは本編で紹介）

本書の取材、執筆に足かけ五年の時間をかけたことになるが、私はその間、常に流祖とともにあったような感覚に包まれ、上地流唐手修行者として得難い経験をさせてもらったことに只々感謝するのみである。

※本書は、客観的な観点から史実を記録するスタイルを採用したため、上地完文先生を含む登場人物のうち故人については、原則として敬称を省略した点を予めお断りしておきたい。

また、組織・道場名、書籍名等を除き、我が上地流については中国福建省に源流を持つことから、「空手」ではなく「唐手」の表記を採用した。

第一章

流祖・上地完文誕生

生誕の地を訪ねて

上地完文は、戸籍によれば一八七七年（明治一〇年）五月五日、当時の琉球藩本部間切伊豆味村大根作《でーくさく》に、上地完得、同ツル夫妻の長男として生まれたとされている。

元々上地家は琉球藩士族であった名護・上地家からの分家であり、主に農業を生活の糧として暮らしていた。

一八七七年と言えば、九州では、かの有名な西南戦争が勃発。明治新政府軍と西郷軍が激しく戦うなど、世情は騒然とした様相を呈しており、まさに明治から昭和の激動を生き抜いた上地完文の、その後の人生を予感させるかのような出来事であった。

弟の完草はただ一人の兄弟だが、小さい頃からやんちゃな性格で、おとなしい性格の兄完文によくいたずらや嫌がらせをしていた。

完文が中国修行から帰国した後も完草のちょっかいは収まらず、業を煮やした完文が弟に包丁を手渡して挑発。ついカッとなって完草が振り回したところを、完文が巧みな受け技で叩き落としてみせ、それ以来、完草は兄である完文の実力を知り、従順な態度を示すようになったと言う。

＜上地家の系譜＞

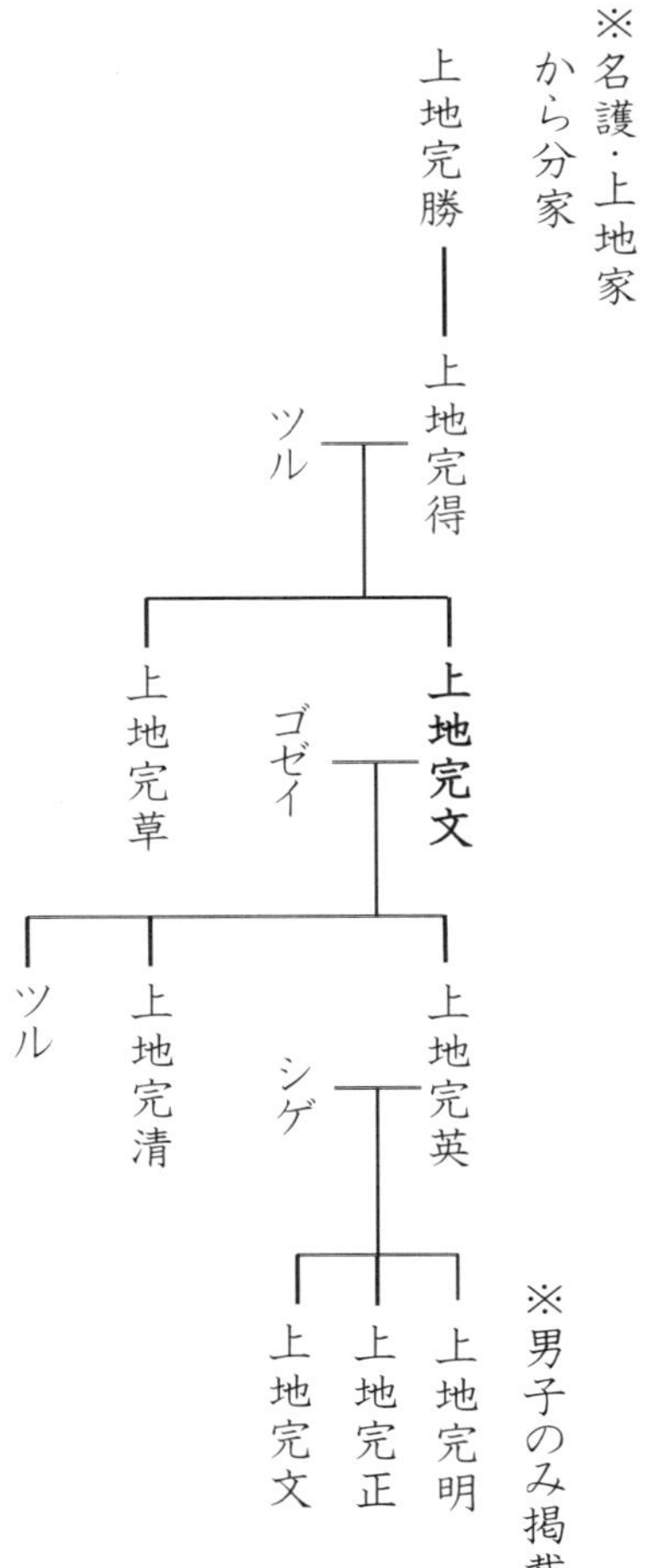

上地完文は幼少の頃、八重岳中腹の嶽武当《たきんとう》に両親と共に転居し、早くから家業の農業などを手伝いながら逞しく成長していった。寡黙で真面目な性格は両親の期待を裏切らず、頼もしい継嗣であったに違いない。

嶽武当と言えば二〇一一年九月に、本部町伊豆味有志会（代表＝仲村正樹氏）の手によって上地完文生誕地の標柱が建てられた。従来、完文は伊豆味村大根作で生まれ、幼少の頃に嶽武当に

仲村氏夫妻と標柱を囲んで記念撮影

移り住んだと言われていることから、生誕の地であるかどうかの議論は残るかも知れないが、いずれにせよ育った場所としては間違いあるまい。

前述の仲村氏によれば、この場所を特定するには古い地籍と航空写真による解析や、地元古老への聞き取りなど相当の労力と時間を要したそうで、郷里が輩出した武人顕彰への熱意に対し、流派の末席に名を連ねる者として頭の下がる思いである。紙面をお借りして関係各位に厚く御礼申し上げたい。

二〇一二年六月に開催された沖縄上地流唐手道協会の年次総会及び春季セミナーに参加した際、上地完文の遺徳を偲ぶべく、協会総本部幹部、海外支部幹部の皆さんと我々東京本部幹部は、嶽武当の記念標柱を訪ねた。

本部の町から車で数一〇分山道を登ったところにＳＤＡ八重岳教会があり、標柱はその敷地の一画に建てられていた。我が上地流唐手修行者には、まさに聖地と言っても過言では無く、一同感無量の想いであったことは言うまでもない。（私は最後まで東京本部幹部の皆さんとその場に残り、鎮魂の意味を込め、古流・セーサンの型を演武させて頂いた）

嶽武当の敷地跡から伊江島を望む

その地は上地流宗家二世・上地完英（一九一一〜一九九一）が生まれ育った場所でもあるが、少年期より周囲の山に生い茂る雑木を伐採し、薪として売ることで生計の足しにしていたそうである。

上地完文がその家族と暮らした敷地跡を去る前に、教会庭園から何気なく西北の方角を見晴すと、そこには特徴のある岩山（城山）がほぼ中央に位置する伊江島が一望できた。

伊江島は戦後に完文が晩年を過ごした場所でもあり、若かりし頃、嶽武当から幾度も眺めたであろうその島の眺望に、完文の人生における深い宿縁を感じたのは、果たして私だけであったろうか。

小雨がそぼ降るなか、生誕の地に立つことがようやく叶い、様々な思いを抱いて聖地を後にした。背中に上地完文の残像と熱き想いを感じながら・・・。

第二章　中国福州への旅立ちと苦難の武者修行

（一）唐手修行への熱き想い

さて、この章では上地完文の渡清に関するいきさつと、拳法修行の様子について触れておくことにしたい。

完文の中国渡航経緯や、修行の地とされる福建省福州での足跡については、先の『精説　沖縄空手道〜その歴史と技法』にも詳述されているが、それ以外にも最近では諸説が提起されているのは周知の通りである。

本書の目的はその真偽を明らかにすることではなく、また約一二〇年も前の史実を考証することは実際には困難であることから、新たに私が直接収集した情報を書き記しておくという主旨で筆を進めることを、予め読者諸賢にはご了解頂きたい。

もちろん、後日きちんとした歴史考証の過程を経て史実として確定するものがあれば、それはそれで、上地流唐手修行者として大変喜ばしいことだと考える。

先の章で述べた通り、上地完文は家族と共に嶽武当にて青春時代を過ごしていたが、一方では士族の血を引く男子であり、当時那覇や泊、首里などで盛んとなっていた「手」（ティー＝琉球独自に発達した徒手空拳の格闘術）について、相応に見聞をしていたことは想像に難くない。

事実、当時の本部の町にも福州に渡り拳法の修行を積んだ當山某氏という長老が居て、完文は同氏を通じて中国の様子や拳法の技法について予備知識を持つようになったとされるが、それ以外にも、同じく本部に住む渡清経験者の阿波根《あはごん》某氏に、幾度も拳法の教えを乞いに行ったというエピソードも残されている。（前出・本部町伊豆味有志会・仲村氏談）

いずれにせよ、肉体的精神的に成長を遂げた完文は、「手」や中国伝来の「唐手《トゥディ》」に大きな憧憬を抱くようになり、その思いは年々歳々強くなっていったことであろう。

四方を海に囲まれ、古くから海外交易が盛んであった琉球で生まれ育ったという環境を考えればごく自然なことであり、同時に、現代で言うところのグローバルな目線や感覚を持ち合わせていたとも言えよう。

一方、上地流関係者では、「徴兵忌避」も上地完文渡清理由のひとつとして通説になっている。具体的には、一八九七年（明治三〇年）春、二〇歳になる直前に福州へ密航したとされ、翌年沖縄にも施行される予定であった徴兵令の適用を逃れることが目的であったと言うのだ。

この点については、当時完文だけでなく多くの若者が徴兵を逃れて渡清している記録が残っており、特段私もその説に異を挟むつもりはないものの、都合一三年間も法に背いて海外逃避し、その間、親兄弟は何の咎めや非難も受けなかったのか?という点が少しだけ気になっている。(もっとも、今となっては当時の状況を確かめる術もないが・・・)

伝わるところによれば、上地完文の父・完得や親類縁者も完文の渡清は了解済みの事項であり、その背景には、当時の明治政府が琉球＝沖縄県に対し、強固な統治権をまだ確立していなかったことや、沖縄の人々の中央政府への反発、或いは永年の宗主、盟友であった中国への親近感も強かったことがあげられるかも知れない。

(二) 意を決して福州へ

さて、具体的な渡清時の様子については、北谷村(現在の嘉手納町)から唐船または山原船(やんばるせん)に乗って密航したとされているが、前出・伊江島在住S・K氏兄(和歌山、伊江島にて上地完文に内弟子として師事)は、師から直接聞いた話として次のようなエピソードを語っている。

・中国福州へは、刳り舟（櫓漕ぎ舟）で仲間と共に密航した。
・食料が無くなると、舟に飛び込んで来る飛び魚を捕まえて食べることで飢えを凌いだ。
・途中でシケに遭い舟は沈んで、気が付いたら自分だけ助かって海岸に打ち上げられていた。
・たまたま通りすがった拳法の関係者に救助され、それが縁で拳法の先生を紹介してもらうことができた。

当時、那覇から福州までの標準航路では通常一週間程度の日数を要していたようであり、果たしてこの挿話が中国への密航時のものか、それとも福州で生活を始めてからのものか今となっては不明だが、聞き取ったままの情報としてご紹介しておきたい。

いずれにしても、若干二〇歳そこらの青年が高い密航費用を払い、言葉も地理も不案内な異国に向けて出発したのには、相当の勇気と覚悟を要したことであろう。

しかも、巻末の歴史年表をご覧になってわかる通り、当時は日清戦争と義和団の乱の間の時期であり、いかに琉球の民とは言え、排日・排外運動の盛んであった中国（清国）に単身赴くことは、まさに命がけであったと言っても過言ではあるまい。そのような勇気と苦難を乗り越えた結果として伝承された上地流唐手を、我々修行者は大切に育み後世に遺さねばならないと痛感するのである。

ここで、参考までに沖縄を中心としたアジア圏及び福州の地理関係について少し整理しておきたい。

左図でご覧の通り、沖縄と福州は概ね同じ緯度に位置し、沖縄を中心とする同心円で見れば、福州は九州・福岡県とほぼ同じ圏内に入ってしまう。

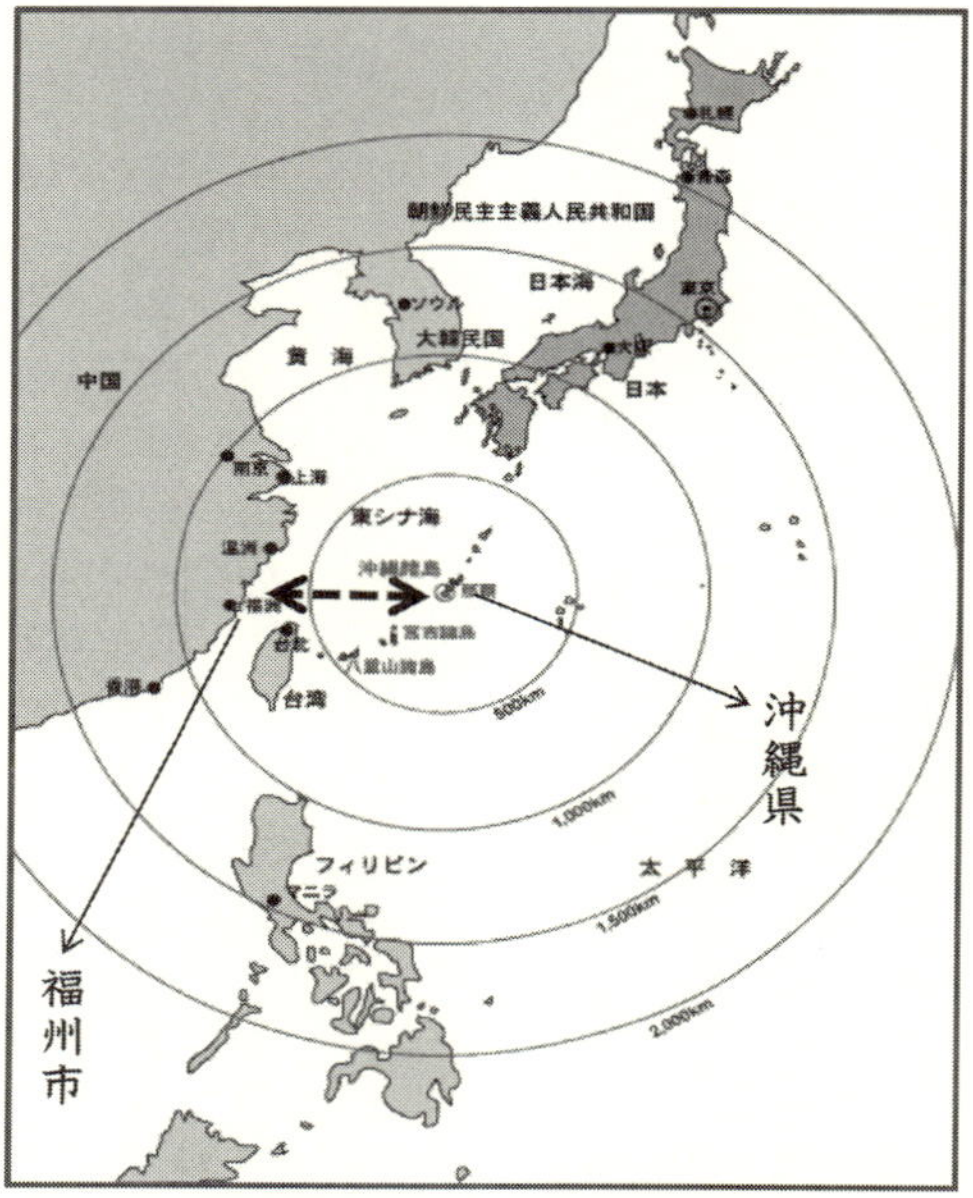

沖縄を中心とした同心円マップ

即ち、経済圏・文化圏的に見れば、沖縄と福州は非常に近接した位置関係にあり、このような地理概念を頭にインプットして初めて沖縄が世界に誇る唐手（空手）の伝承史や上地完文の足跡が理解できるのである。

本書を契機に、日本史・世界史・地理を同時に探究咀嚼する楽しさを、読者諸賢にも是非味わって頂きたい。

（三）拳法修行開始

福州に辿りついてからの足取りは、『精説 沖縄空手道〜その歴史と技法』にも詳述されているが、おさらいとして概略をまとめておきたい。

当時、琉球から福州に上陸した上地完文は、恐らく他の渡航者の例に倣い福州市内にある琉球館柔遠驛（当時の琉球人にとっては、事実上の領事館的な役割も果たした宿舎）を訪ね、そこで様々な現地情報を収集しながら、自身の修行に相応しい師匠を探した。

そのうち、琉球出身の湖城氏が設けた拳法道場に同郷の松田氏とともに入門したが、師範代との人間関係に悩み、その道場を飛び出した後、紆余曲折を経て周子和《しゅうしわ》（一八七四〜一九二六）の門下に入った、というものである。

周子和の門弟になるまでの経緯については、それを裏付ける関係者証言も幾つか残っており、恐らく史実に近いものと考える。

誰しもそうであるが、見ず知らずの土地で生活する場合、先ずは同郷の仲間やツテを探し、情報収集しながら少しずつ活動の領域を広げて行くのが通例であり、ましてや言葉の通じない異国にあっては、それ以外の途は容易には取り得なかったことであろう。

（四）師匠・周子和との出会い

上地完文が本格的な拳法修行を始めたのは、中国南派少林拳の虎拳、鶴拳などで名を馳せた周子和師のもとであったとされる。

近年、完文の師匠及び中国福建省での修行地を巡り、空手月刊誌などで様々な説が紹介されているが、残念ながらいずれも確定情報のレベルに至っているとは思われず、また、本書はその真偽を議論することが目的ではないことから、以降は五年間にわたって取材した結果に基づく私見を紹介するという主旨で筆を進めることにしたい。

周子和肖像
1874-1926
（福州市武術協会提供）

周子和が上地完文の師匠であると上地流関係者の共通認識になったのは、一九八三年に福州市武術協会から当時の上地流空手道協会に宛てられた一通の報告書簡による。

その書簡によれば、周子和は一八七四年に福建省南與芝田村に生まれ、親の方針で若い頃から文武両道の英才教育を受け、拳、剣、棒などの武術全般に秀で、なかでも虎形拳を最も得意としたほか、書画などにも優れた才能を発揮したとされる。

実際に、福州市内の書画を商う店では、周子和の書が高値で売られていたとの記録も残っており、そのようなインテリジェンス溢れる武芸者に上地完文は師事し、通算一三年にもわたる修行を積んだものと思われる。

しかしながら、一方で完文は一八七七年の生まれであり、周子和とはわずか三歳の差しかないこと、及び芝田村は福州市内から車でも一時間以上を要する山間部にあり、そのような田舎で外国人である完文が修行したとは考えにくいということなどを理由に、周子和師匠説を否定する意見が出てくることは無理からぬことであろう。(海外の一部上地流関係者にも同様の意見あり)

当時まで判明していたことは、要約すれば、上地完文は福州のどこかで長期にわたり修行したこと、自身の師匠名を「シュウシャブ」、修得した拳法の流儀を「パンガヰヌーン」と呼んでいたことだけだが、一体どのようにして周子和が師匠であることを突き止めたのかは、確かに報告書簡を一読しただけでは判然としない。

（五）福州踏査の旅

道場には、上地流初代・上地完文の師匠として周子和の肖像を飾りながら、このような疑問を解明しないままにしておくことは、斯道を学ぶ者としてあるべき姿勢ではないとの考えから、私は自身が所属する沖縄上地流唐手道協会の玉代勢勝次理事長（当時）に相談し、二〇一二年八月、遂に中国福建省福州を訪ねることにしたのである。

目的は周氏師匠説の根拠確認と、上地完文の足跡に繋がる情報をできる限り収集すること、及び、福州に伝わる拳法と我々上地流の技法的な共通点を探すことなどにあった。ここでは少し長くなるが、示唆に富む発見がたくさんあったので、その顛末を記しておきたい。

訪中を計画した二〇一二年の夏はまだ尖閣列島問題なども表面化しておらず、特に旅行の障壁は無かったが、如何せんどこをどのように訪問して良いか皆目見当も付かず、中国語に堪能な東京本部渉外部副部長（当時）の和泉貴志氏に下調べを依頼していた。

そのようなさなか、中国深圳《しんせん》に寺島正明氏（湘南藤沢道場所属）が仕事で赴任していることを思い出し、ダメもとで電子メールにて我々の訪中プランへの助言を求めたのである。

世の中何でもトライしてみるもので、寺島氏からはすぐに返信が届き、職場の部下である張琳（チャン・リン）氏を通じて福州市武術協会とのアポイントや諸事調整を全て引き受けること、及び両氏とも可能な限り現地踏査に同行するという頼もしい内容であった。武術を通じた人の絆とはかくも強固なものかと、改めて実感した次第である。

さて、それからというもの訪中準備はトントン拍子に進み、二〇一二年八月七日・八日の二日にわたり、福州市武術協会との武術交流及び上地完文足跡探訪の旅が実現したのであった。

八月六日、私と和泉氏は茨城空港から中国・春秋エアライン、中国・東方航空便を利用して上海経由で、また玉代勢理事長は那覇空港から台北経由で、そして寺島氏と張氏は深圳から直接福州に向かった。

私と和泉氏は、上海でのトランジットタイムも含めると、通算九時間の強行軍であったが、上地完文が福州に密航した際の困難に比べれば天国のようなものと思い直せば、疲れも一気に吹き飛んでしまった気がした。当日は、宿泊先のアポロホテルの部屋で深夜までスケジュールの打ち合わせを行ってからようやく床に就いた。

ここで、福州市について少し触れておきたい。福州市は中国福建省の省都であり、人口は約

アポロホテルから福州市内を望む

六八〇万人、総面積は秋田県とほぼ同じくらいの大都市で、地理的には台湾の対岸に位置する。

榕樹（ガジュマルの木）が街中にたくさん自生していることから別名榕城とも呼ばれ、ウーロン茶などをはじめとするお茶の名産地でもある。

沿岸部の商都として古くから海外との交易が盛んであり、世界各地で活躍する華僑の多くは、この福州にルーツを持つと言われる。八〇四年には空海が遣唐使の一行とともに入唐《にっとう》した際、シケで遭難して漂着した場所が福州長渓県赤岸鎮とされており、今から一二〇〇年以上も前から日本との交流拠点の役割を果たしてきたことになる。

近世に至っても、沖縄や長崎との貿易拠点として機能し、そのような経緯から一九八〇年に長崎市と、一九八一年には那覇市と友好姉妹都市関係を結び、今日まで様々な提携イベントを共催している。

さて、日付は変わって八月七日、先ずは福州市武術協会の窓口である叶《イェ》秘書長との面会・打ち合わせからスタートした。

叶氏は中国羅漢拳の著名な師範で、いわゆる政府公認の職業拳法家。今まで延べ数万人に拳法の指導をしてきたそうである。

打ち合わせの後は、さっそく福州市武術協会幹部の皆さんと、先に触れた琉球館柔遠驛跡地に建つ記念館などを訪ねた。

張氏の尽力のお蔭で武術協会の皆さんに我々の訪問目的が正確に伝わっており、先ずは記念館から案内頂いたようだ。

琉球館柔遠驛記念館で

記念館には琉球時代からの福州との交易に関する資料が所狭しと展示され、じっくり時間をかけて見学することができた。

琉球から貿易でもたらされた織物や漆器、一八〇〇年代と思われる福州の港を撮影した写真などを興味深く拝見しながら二階に上がると、そこには武術交流に関する資料が並んでおり、その一角に、我々が探し求めていた周子和の肖像写真や武具などを見つけたのである。

周子和の写真はパネルにされており、案内係の方によれば、同師が多数の留学生（当時琉球等から拳法を学びに来た人々を指す）に拳法を教えていた功績を紹介するために掲示したとの説明であった。

この肖像写真は、私の知るところによれば芝田村の周子和生家に飾られていたものを武術協会が借用・複製し、上地流空手道協会宛てに同師の略歴書に添えて寄贈されたものと同じである。

周子和が使用した武具の写真

このほか周子和の使用していた武具や書の写しが展示されており、我々は興味深く見学した。

武具（青竜刀）や書の写真は、私どもの沖縄伝統技芸振興会館にも参考資料として掲示しているが、そのうち、生家の壁面に描かれているという書（漢詩）の意味するところが非常に含蓄があり、ここでその内容をご紹介しておきたい。（1頁写真参照～張氏訳）

・本物はどこに隠されていても本物、偽物はどこに飾られていても偽物

これは、周子和が武術を学ぶ者の心構えとして書いたものであろうか・・・。周氏が上地完文の師匠であったとすれば、完文もこの壁書を見ながら日々拳法の修行に勤しんだのかも知れない。

琉球館を見学した後、我々は福州市内の琉球人墓地や船着場などを案内頂いた。琉球人墓地は遥か福州の地で客死した琉球出身者を祀る場所であり、今でも地元の方々に大切に護られている。

少し驚いたのだが、墓地の整備・保存について日本の行政当局からは何等の財政支援や負担も無いそうで、昨今の日中関係の複雑さを考えるにつけ、何らかの措置が必要ではないかと感じた。

閩江支流に架かる石橋

次に訪れたのは、琉球館近隣の河岸（閩江支流）一帯である。ここは福州の港から市内に繋がる川沿いの街であり、昔から港に停泊した交易船から小さな舟に荷物を積み替えて人々が遡上したという。

遥か琉球から渡って来た人々も、実際にはここで上陸して琉球館に投宿したようで、川に架かる石橋は往時のまま。上地完文も恐らくこの橋の上を幾度も往来したのではあるまいか・・・。

（六）周子和とパンガ卆ヌーン

琉球と福州の交易に関連する史跡を一通り見学した後、我々一行は叶秘書長と昼食を共にすることになった。今回の訪問目的のひとつである、周子和を上地完文の師匠とした根拠を確かめる絶好の機会である。

先ずは市内見学へのお礼を述べながら、通訳の張氏を通じてズバリその点について質問してみた。叶秘書長の表情が一瞬こわばったかのようにも思えたが、ゆっくりとした口調で次の通り答えてくれた。

・一九八一年三月に沖縄より上地流唐手関係者（友寄隆光氏、比嘉敏雄氏、上地完明氏）が武術交流を目的に福州を訪ねてきた際、流祖・上地完文の師匠とされる「シュウシャブ」なる人物について調査と情報提供の依頼があった。

・福州市武術協会としては、師匠とされる人物の呼び名や上地完文の略歴、中国滞在時期、上地流の技法的特色などをもとに、二年間にわたって徹底的に地元武術関係者に聞き取り調査を行った。（巻末の上地流系譜図参照）

・その結果、外国人留学生に拳法を教えていたという虎形拳の名手・周子和の存在が明らかになり、一〇〇%の断定はできないものの、ほぼ間違いないであろうという結論に達した。
・本件は武術協会としての公式見解であり、既に「歴史的事実」と認定されたため、今後も変わることはあり得ない。
・一九八三年の上地流空手道協会への報告書簡には、「琉球から来た留学生の上地完文」と表現しているが、実際には大地主であった周子和の生家に住込みで働きながら拳法を学んだものと思われる。
・一三年の修行で三つの型（サンチン、セーサン、サンセールー）と小手鍛えをマスターし、日本に持ち帰って独自の工夫を加え、今日の上地流唐手に発展せしめたことは大成功であったと考えるべきである。（中国では厳選された型をじっくり教え込むのが基本スタイル）

叶秘書長との昼食懇談模様

叶秘書長のコメント要旨は以上の通りだが、実は傍線部の発言が、我々が上地流の発展史を語る際に、非常に重要な観点となる。

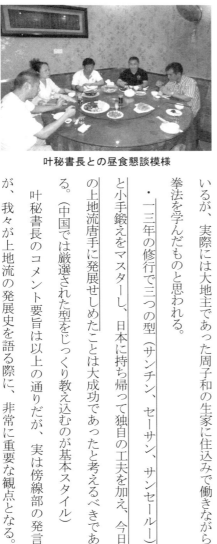

この点については後ほど詳しく触れることとしたい。

昼食会の席では、これ以外にも、上地完文が自身の学んだ拳法の流儀として呼称した「パンガヰヌーン」の意味についても聞き取りを行った。

上地流関係者の間では、「パンガヰヌーン」の漢字表記は「半硬軟」であるというのが常識になっているが、叶秘書長によれば発音的にも「半軟硬」が正しく、福州で一般的に使われる表記方法だという。（半硬軟も半軟硬も意味は同じ）

確かに、以前私が福州出身の知人に「半硬軟」を発音してもらったら「パンイングヮン」であり、どうしても「パンガヰヌーン」には聞こえずに悩んでしまったことがあるが、「半軟硬」なら「パングヮンイン」となって、「パンガヰヌーン」と近似する。

更に叶秘書長は、「半軟硬」は特定の流儀を意味するものではなく、鋭く素早い攻撃、柔軟な受け流し或いは退却を特徴とする南派少林拳全体の特質を表すものであり、福州の全ての拳術の技法的総称と言ってもよいと解説頂いた。

上地完文は中国から帰国後に、自身の拳法を「パンガヰヌーン」と呼んだのも、右のような意味であったと推察する。

余談だが、周子和の拳法について米国の上地流関係者から、清朝時代に活動した「パンガヰヌーン」党という秘密結社に伝わる武術であるとの説も出ており、ここでは詳述はしないものの、参考までにご紹介しておきたい。

上地流・三戦鍛錬の披露

(七) 交流演武

叶秘書長との有意義な昼食懇談を終え一息入れた後は、ホテルの会議室を貸し切って交流演武会の時間となった。

我々からは事前に、周子和の拳法継承者とも是非お会いしたいと申し入れていたこともあり、現在の上地流と近似する技法や型が見られるのではないかと密かに期待を寄せていた。

会場に到着すると、福州市武術協会に所属する先生方が多数集まって我々を迎え入れて頂いた。まさに「熱烈歓迎」である。

双方代表者から挨拶を終えた後、交互に演武を披露した。我々からは、三戦鍛え、古流十三、三十六の型と小手鍛え、約束組手をご紹介したのに対し、武術協会側からは、胡・前会長（福建師範大学武術研究主任）らによる虎形拳の三戦や三十六手、鶴拳、鶏拳の型、刀剣術などたくさんご披露頂いた。

なかでも、我々が最も注目したのは、胡会長のお嬢さんが演じる虎形拳・三十六手と、周子和の四代目継承者として紹介のあった陳氏の虎拳演武であった。

周子和四代目継承者の陳氏演武

実は、以前私は、あるカナダ人空手家から南派少林拳の型を子供が演じるモノクロ映像を見せてもらったことがあり、それが我々の三十六とそっくりであったため、今回の演武にも大きな期待を寄せていたのだが、残念ながら両者とも、我々上地流の技法に近似した部分はわずかであった。

一体どういうことか・・・。演武が終わった陳氏に我々の三十六を見た感想を聞くと、陳氏が伝える三十六手は胡・前会長の系譜とは異なる流儀であり、我々の三十六の型と割と似ているとの答えであったので、ならば今ここで是非拝見したいと申し入れたが、今日はその準備ができていないと辞退されてしまい、結局この目で確かめることはできなかった。(十三に至っては失伝してしまったとの答えであった)

しかしながら、一方で小手鍛えについては確かな成果があった。我々の演武を見た武術協会の二人の先生が、「あなた方と同じ鍛錬方法がある」と見せて頂いたのが、まさしく我々とほぼ同じ内容の腕鍛え(虎拳の鍛錬)だったのである。

腕鍛えについては、力の入れ方やスピードが若干異なる部分もあり、少し時間をかけて丁寧に解

玉代勢理事長の上地流・三十六

胡氏の虎形拳三十六手

胡・前会長の虎形拳三戦

腕鍛えの解説

交流演武の後の晩餐会

寄贈頂いた虎形拳のテキスト

説を受けたが、この腕鍛えの所作にも、前述した「半軟硬」の特質がよく表れているという。

交流演武の後は、ホテルのレストランで晩餐会。この会場でも、食事をとりながら様々な情報交換を行う絶好の機会を得た。

そこで胡・前会長や陳氏などから聞き取った情報の一部をご紹介しておく。

・周子和は外国人（日本人）の弟子を持ったことがあるが、さほど多くはない。弟子は周子和から拳法を学ぶ傍ら、農作業や雑用など、師匠から命じられた仕事をこなしていたようである。

・周子和は自身の師匠から、外国人の弟子を連れて、街をあまりうろついてはいけないと注意されていた。（巻末の歴史年表にある通り、上地完文渡清の三年後には義和団の乱が勃発し、中国における排外ムードがピークに達していたという当時の事情によるものと思われる）

・中国では、一旦拳法の修行を始めたら師匠を変えることはほとんどない。従って、完文が一〇年の長期にわたり周子和に師事したことは、ある意味当然である。

・一九九五年、周子和の偉業を顕彰するため、福州のローカルテレビ局で周子和と上地完文を主人公にしたドラマを制作して放映したことがある。八万元で制作予算が無くなってしまい、本来四話の予定が二話で完結となってしまったが、その情報を当時の上地流空手道協会に連絡したものの、特に反応がなく残念な思いがした。（胡・前会長が周子和役を演じた）

・今回の日本側の演武を見て感じるのは、上地完文は周子和から拳法を学び、沖縄に戻って独自に工夫を加え、紆余曲折を経て和歌山で教え始めたのであろう。福州にも周子和の継承者はいるが、こちらでも各流派の技法は徐々に変遷してきているため、現在において上地流と中国・南派少林拳の間にあまり共通点が無くなってきているのは無理からぬことである。

この最後のコメントは、上地流と周子和の拳法との相関について触れられており、我々修行者にとって重要な部分であるため少し補足しておきたい。

上地流はその特色をよく「龍虎鶴」と表現されるが、今回の交流演武に臨んだ者の印象として、三戦、十三は鶴翼の動きを取り入れた鶴拳、三十六、小手鍛えは虎手の動きを応用した虎拳の系譜

山間部に伸びる周子和生家前の道

を引く型であると考えている。

即ち上地完文は、師匠周子和から一〇余年をかけて鶴拳と虎拳の代表的な型などを学びつつ、当時福建省で盛んだった他の拳法も研究。帰国後は士族を中心に伝承されていた「手《ティー》」に関する見聞も深めつつ、自身で工夫改良した拳法（あくまで周子和の鶴拳、虎拳がベース）を和歌山の地で「パンガヰヌーン唐手術」と称して教授した、というのが私の見立てである。

（八）周子和生家へ

交流演武の翌日八日は、遂に周子和生家を訪ねる機会を得た。夢にまで見た我々にとっての聖地である。宿舎のアポロホテルから、武術協会幹部の皆さんとチャーター・ワゴンタクシーで芝田村を目指した。灼熱の太陽が身を焦がしそうな気候のなか、福州市内を出て北東方面の山間部に向けて車は進路をとった。少し郊外まで来ると、およそ都会的な雰囲気はかけらも無く、昭和三〇年代の日本の田園風景さながらである。熊本育ちの私には、どこか懐かしさすら漂う。

出発して一時間半ほど経った頃、周囲が山々に囲まれた小さな集落に到着し、車が停車したその場所こそが、周子和の生家である。

遂に辿り着いたのだ。

一部の上地流関係者には、上地完文が自身の修行の地について、「山深い村であった」と語った旨の口伝が残るが、まさにその言葉にぴったりの環境である。

生家の前まで行くと、ご近所の住民が挨拶に出てきてくれて、冷たい井戸水をごちそうになった。

同行の武術協会の方が、はるばる日本から訪ねてきた一行だと説明すると、と

周家の先祖を祀る廟

周子和生家

ても驚いた様子だった。

この生家は土壁に瓦葺の大きな造りであるが、築年数は軽く百年を超えているそうで、壁面はかなり傷んでいた。

今でも周子和のひ孫に当たる方が住んでおり、前日までは我々に中を見せてもらえる約束だったが、残念なことに訪問した当日になって断られてしまった。理由は不明だが、やはり我々が日本人であることが多少関係していたのかも知れない。

しかし、周子和が上地完文の師匠であったとすれば、この地こそがまさに上地流関係者にとっては聖地と言っても過言ではなく、我々の感慨はひとしおであった。蝉しぐれに耳を澄ませば、完文が稽古に打ち込む息使いが聞こえてきそうな錯覚をつい覚えてしまった。

一体どのような縁で師弟の契りを結んだのか、今となっては確かめる術もないが、周子和は自身の書画の販売や拳法の交流などで時折福州の街中に出かけ、その際に誰かの紹介で上地完文を知り、仕事や身の周りの世話を手伝うことを条件に、拳法の弟子となることを許したのであろうか・・・。

いずれにしても、当時の清国の情勢を考えると外国人を弟子入りさせることは、ある程度の覚悟を要したに違いないが、そのことが周子和に何か実利をもたらしたのか、或いは人情味溢れる人柄のなせる業なのかは、永遠に知る由もない。

せっかくの訪問につき生家近隣を散策すると、そこには芝田村に大勢住んでいるという周氏一族専用の立派な廟があった。

通りかかった住民に由来などを聞くと、周子和のひ孫に当たる方は、元々同族である近隣の周氏とは現在ほとんど交流が無く、周子和の霊もその廟には祀られていないとのこと。どんな事情があるかは分からないが、何だか少し寂しい気持ちになった。

周子和は、前述の通り元々大地主の子供として生まれ裕福な家庭に育ったが、後の文化大革命によって家系は没落し今日に至るようである。栄枯盛衰は世の習わしということか。

余談ながらこの周子和の生家は、実はインターネット検索サイト「Ｇｏｏｇｌｅ」のマップで上空からも目視が可能である。

我々が飛行機を使ってほぼ一日がかりでようやく辿り着いた彼の地を、一瞬のうちにパソコンの画面上に映し出してくれる現実に、情報技術＝ＩＴ革命のインパクトを感じざるを得ない。

かくして、我々の福州訪問の主要日程は無事終了したが、上地完文の拳法の師は誰かという問いについては、周先生＝「周師傅」＝「シュウシャブ」という呼称表記と発音が近似する端的な事実に加え、その現地調査にかけた時間とエネルギーの膨大さ、検証の多面性からして、福州市武術協会が到達した結論＝周子和師匠説をゼロクリアにするものは今後出てこないであろうと考える。

（九）上地完文、道場を開く

さて、周子和のもとで修行を積み、晴れて免許皆伝になった上地完文は、一九〇六年（明治三九年）、自身の修行成果を試し、また生活の糧を得るために、福建省南靖の町に自らの道場を設けることとした。上地流空手道振興会では、このときの道場名を「パンガヰヌーン拳法社」と呼んでいる。

上地流関係者における口伝では、道場を開く際には路上で拳法の型を演武しながら集まった人々に漢方薬を売るという、いわば武者修行（演武を見て挑戦を望む者があれば受け入れる＝腕試し）と商売を兼ねたような暮らしぶりをしたことがあったとされる。

先の福州市武術協会との交流会でも、当時の中国では拳法を学ぶ際、稽古での怪我を治療するなどの目的で漢方薬の製法・処方を学ぶことは普通であったとの話を聞いたが、恐らく上地完文も周子和或いは同門の先輩などから、薬の作り方についての教えも受けたことであろう。

参考までに触れておくと、沖縄空手道協会名誉会長（現在）の友寄隆宏氏によれば、完文が学んだとされる漢方薬（上地草＝うぃちーぐさ）の製法は、一番弟子である友寄隆優（一八九七〜一九七〇）や実子・上地完英など、ごく一部の高弟に伝授され、事実戦後に琉球政府の薬務課による臨床試験と審査を経て、沖縄県内でコーラ瓶一本分五ドルで販売されたこともあると言う。この漢方薬は打ち身に効く内服薬で、実際には闘牛や事故などで怪我をした人たちが服用して完治するなど優れた効能があったが、今ではその製法は事実上の失伝となってしまった。（筆者の手許に一瓶保存）

雑誌「空手研究」（復刻版）

さて、上地完文は外国人では稀有の例として、南靖の町（緯度的には中華民国台中市とほぼ同じ）で道場主になったが、けっして順調に門弟が増えた訳ではないようだ。

当時は新しく道場を出すと、いわゆる道場破りが訪ねて来て師範に挑戦。負けた場合は弟子から集めた月謝を持ち去られることもあったようで、まさに身体を張って看板を出していたことになる。

口伝によれば、上地完文の道場もその例に漏れず幾度か道場破りの洗礼を受けて撥ね退けたとされるが、ここで、完文が中国での自らの体験や見聞を語った内容が書かれた貴重な書籍があるのでご紹介しておきたい。

その書籍は、一九三四年（昭和九年）に空手研究社なる団体が発行した「空手研究」という雑誌（創刊号で中断）で、何とそのなかで糸東流創始者の摩文仁賢和（一八八九〜一九五二）が、和歌山のパンガヰヌーン流空手術研究所において上地完文と面会した時の模様が克明に記されているのである。

その内容の詳細は別章にて後述するが、ここでは上地完文の中国拳法に関する述懐部分について、原文から一部口語体に変換して書き連ねてみたい。※（氏名）は筆者加筆

（摩文仁）「先生、中国では相変わらずいまでも拳法は盛んですか？」

（上　地）「私が行った時代は非常に盛んでしたが、今でも場所によっては盛んでしょう」

（摩文仁）「中国人はすぐに拳法を教えてくれと頼んだら教えてくれますか？」

（上　地）「教えてはくれますが、師弟の誓いが済んでから二、三日後でないと教えません」

（摩文仁）「それはどういう理由からですか？」

（上　地）「拳法を稽古したいという連中が、拳法の大家のお宅に行って、教えて欲しいと頼んで、その先生が承諾したらその連中が協議して一つの道場を設け、その先生をご案内するのです」

「道場には神様をお祀りして色んなご馳走を捧げ、そこで師弟の誓いをします」

「初めは精神の訓練を行い、そして型を教えるのです」

「その時、一年間、三年間、五年間というようにその先生と契約して稽古します。立派な先生になると一五年間も稽古しますが、弱い先生になると一年間かあるいは六カ月くらいですよ」

「道場を出して一番心配なことは、時々道場破りという者が来ることです。つまり、道場破りという暴漢が二、三人来てその道場の先生に試合を申し込むのです」

「その先生が試合に負けたら、その月の月謝は道場破りの人が貰って帰るんです。だから、よほど腕に自信がないと道場は出せませんね」

（摩文仁）「まったく野蛮人みたいなもんですね」

（上　地）「お話しになりません」

まさに、上地完文が中国で道場を出した当時のあり様を、赤裸々に記した一級の資料であり、我が流祖がいかに艱難辛苦を乗り越えて道場を設け、そして維持したかをリアルに窺い知ることができる。ましてや、密入国した外国人の立場では、その苦労はいかばかりであったろうか・・・。

第三章　失意の帰国と沈黙の一七年

（一）上地完文の武訓

上地完文がどのような事情で、福州から遠く離れた南靖の町で道場を開いたかは不明だが、時を経て徐々に地元の人々にも信頼を得ながら門弟を増やしていったようである。

後日、上地完文は友寄隆優らパンガヰヌーン流空手術研究所の門弟に次のような教訓を披露しており、自身の修行や門弟育成における精神的な拠り所としたに違いない。

『その昔、福州にはルー・ルー・コーという拳法の達人がいた。ある日、村祭りの出し物を見物していたが、舞台の周りは人だかりでよく見えなかったため、大きな松の木に背中を着けて立つと、背筋の収縮運動を利用して、そのまま木によじ登って楽しんだ。この話を信じられるか？力学的に考えればそんなことが出来るはずがないと思うが、もしある修行者がその話を信じ、自身もそのようになりたいと一念発起して永年鍛錬に邁進したら、たとえ背筋で木に登ることはできなくても、それを馬鹿話として一笑に付した者との間には、その実力において雲泥の差がつくことであろう。修行とはそのようなものだ。』

また晩年、友寄隆宏氏は次のようなエピソードを聞いたことがあるという。

『ルー・ルー・コーが高齢になって自身の道場を門弟に譲る際、あるテストをされた。それは、荒縄をルー・ルー・コーがきつく撚り合わせたものを逆に捻って解くというものだった。腕自慢の門弟たちが競って挑戦したが全然歯が立たず、遂には一番下の門弟の番になった。彼は先輩達から普段は弱虫として馬鹿にされており、解ける訳がないと笑われたため一旦は固辞したが、先生の勧めに従って挑戦したら、いとも簡単に解いてしまい、ルー・ルー・コーは「努力した者には叶わない」と褒めたたえ、彼に道場を譲ることにしたそうだ。』

右のエピソードは、上地完文の人柄や武術修行にかける態度を彷彿とさせるものがあるが、恐らくは南靖道場の門弟たちも師匠を尊敬し、熱心に稽古に打ち込んだことであろう。

(二) 運命の事件

しかしながら神の悪戯か、そんな上地完文にとって取り返しのつかない或る事件が起きてしまう。それは、門弟の一人が灌漑用水の権利を巡って村人と争いになり、押し問答の際に誤って急所を突いてしまい、後日その相手が亡くなったというものである。

そのことがきっかけとなり、完文の道場は殺人拳を教える道場だと非難されるようになり、遂には町に居ることができなくなって、失意のうちに沖縄へ戻ってしまったと言われている。

このあたりの事実関係は、今となっては検証のしようもないが、上地流空手道振興会初代、上原三郎（一九〇〇〜一九六五）が残した口伝でも、上地完文は本来中国に永住するつもりであったとされ、また友寄隆宏氏によれば、南靖に道場を開いた後、地元の女性と結ばれて一女を授かったという。（この点、冒頭に紹介した和歌山時代からの内弟子S・K氏兄にも確認したが、特に中国で子供がいたとの話は耳にしたことが無いものの、三〇代の青年男子であれば、そのようなことも恐らくはあったであろう、との見解だった）

右のような状況から、上地完文は自身の道場と家庭を持ち、苦労はしながらも相応に充実した暮らしぶりであったと推察するが、そのような生活を放擲してまで帰国をしなければならない何か重大な出来事が身の周りに起きてしまったことは事実とみてよいだろう。

（三）失意の帰国

前出『精説　沖縄空手道―その歴史と技法』に完文帰国の際の事情が記述してあるので、ここで一部援用しながら概略をおさらいしておきたい。

帰国の決意を済ませた上地完文は、一九〇九年（明治四二年）、万感の思いを込めながら、一三年ぶりに那覇港から郷里の土を踏んだ。

衣装は中国式の服に頭髪は辮髪《べんぱつ》という完璧な中国人になりすましての帰国である。これは、徴兵令を逃れて中国に密航したという立場ではやむを得ない方策であったろうが、流暢な福建語を使うことから入国審査の担当官もまんまと騙されてしまったようである。

この点については、五年間の取材を通じ、いくつかの興味深いエピソードを知ることができたので、ここでご披露しておきたい。

先ずは、戦後兵庫県尼崎市を中心に上地流唐手の普及に貢献してきた「上地流唐手道巴会」（初代会長＝古堅宗隆範士（一九二〇〜二〇〇四））に残る口伝である。

上地完文の弟子が水争いで殺してしまった相手は、実は普段から村人に嫌われていたゴロツキ的な人物であり（もめ事も相手から仕掛けてきた）、そのような厄介者が居なくなって、農民たちはかえって助かる結果となった。

しかしながら完文は責任を感じ、道場の閉鎖と帰国を決意したため、完文を慕う弟子や村人たちが協力して帰国船を手配、その際、門弟数名も同乗して那覇港まで師匠を見送ったというものである。

次に、友寄隆宏氏は上地完文の中国語の習熟度について、終戦後伊江島に福建省から戦車や大砲の残骸など大量の鉄屑を買い付けに商人がやって来た際、誰も言葉がわからず困っていると、完文が通訳を引き受け、流暢な福建語で交渉の手助けをしたことを鮮明に覚えていると語っている。

同様に、上地流空手道振興会の口伝では、完文は普段は酒を嗜まないが、時折宴席で機嫌が良くなると、中国の民謡を歌って皆を驚かせたとか、前述伊江島在住のS・K氏は、完文が見事な漢詩をしたためるのを目にして大いに感服するなど、長期にわたって中国で生活を営み、言語や文化風俗の習得について、かなりのレベルに達していたことを窺わせるエピソードには事欠かない。

（四）武術的な沈黙

帰国後、上地完文は自らの中国での体験や拳法について家族以外には黙して語ることはなかったが、福州で交友関係にあった呉賢貴（白鶴拳の名手、大正元年に来沖し茶商を営む）などの口から優れた武術家であることが人々に知られるところとなり、沖縄縣を通じて学校での指導を再三に渡って要請されたが、頑なに拒み続けて応じることはなかったという。

自身の中国渡航の経緯や帰国前の事件、或いは南靖に残してきた家族のことなどを思うとき、その複雑な心境から、苦節一〇数年をかけて修得した拳法を教える気には到底なれなかったということだろうか。

しかしながら、第一章で紹介した伊豆味有志会・仲村代表は、帰国から和歌山転出までの一七年間、完文は己の拳技を完全に封印していた訳ではなく、どうやら第三中学（当時）の生徒に対し、時折拳法を指南する

白鶴拳を演武する呉賢貴
（後方は摩文仁賢和～1930年　関西大学威徳館にて。宮城長順が沖縄より同伴した）

ことがあったとの話を、地元古老から聞き及んだという。

もしそうだとすれば、帰国後の完文の足跡を塗り替える新しい事実となるが、残念ながら本書取材の過程では、時間の関係でそこまで調査範囲を広げることは叶わなかった。

いかなる過去の事情があるにせよ、一〇余年間、己の人生をかけて修得した拳法の教授を、郷里の人々全てに対して拒み続けることは、心情的にも容易なことではなかったと思えてならない。

第四章

和歌山転身と運命の出会い

（一）上地流唐手第三の聖地

二〇一一年二月、まだ肌寒い風を頬に感じながら、私は和歌山市内のＪＲ宮前駅ホームに立っていた。そこから通称国体道路を目掛けて七、八分ほど歩いた手平町にその道場はあった。「上地流唐手道　和歌山隆聖館　友寄道場」。本書を執筆するにあたり、早々に訪問しなければならないと心に決めていた場所である。ここ手平の街は、我が上地流唐手が実質的に産声をあげた場所であり、上地完文生誕の地＝本部、同中国修行の地＝福州に次ぐ三番目の聖地とも言える。

和歌山隆聖館 友寄道場
（昭和36年5月開設）

ようやくのこと、隆聖館・第五代館長・友寄隆兄氏に道場兼自宅で面会が叶い、上地完文縁の場所（昔の道場跡地）などを案内頂いたあと、道場内へ一歩足を踏み入れた瞬間、私は形容しがたい緊張感とともに、ある種不思議な懐かしさを肌で感じた。

まるで、会ったことのない上地完文と、二代目館長である友寄隆優の御霊にじっと見つめられ、そして、ふっと微笑まれたかのような気配を覚えたのである。

道場には誰も居ないのだが、三戦鍛錬の息遣い、床を踏みしめる足音、貫手によって引き裂かれる空気、小手鍛えで激しく軋む骨の音・・・。

全てがこの耳に響くかのような錯覚にすら陥る。

上地完文、友寄隆優、友寄隆吉師の肖像

隆聖館の皆さんと

この和歌山隆聖館を中心とした上地完文の足跡取材では実に多くの収穫があり、あらためて友寄館長はじめ関係者の皆様に心から御礼申し上げたい。

(三) 和歌山への転身

さて、ここで時計の針を九〇年

ほど巻き戻してみたい。時は一九二四年、大正一三年のことである。上地完文は思うところあって、沖縄本部町から和歌山市手平町に単身転居した。齢四七歳。

中国から帰国後、拳法については公に教えることを避けていた完文であったが、指導を乞う声が日増しに高まり、元来控えめな性格からか、そのような状況が苦痛になっていったのかも知れない。

一方、本書巻末の歴史年表にある通り、一九二〇年代は第一次世界大戦後の戦後恐慌や関東大震災（一九二三年）、世界恐慌（一九二九年）などによって日本の経済は大きな打撃を受け、その影響は徐々に地方にも波及しつつあった時期である。

沖縄でも、第一次世界大戦時には特産物の砂糖などで大きな利益がもたらされたものの、その景気も徐々に影をひそめ、人々の生活はかなり困窮するようになっていった。

この大正末期から昭和の初期にかけて起きた経済恐慌によって、沖縄の農村部では極度の食糧不足状態となり、米や芋の代替食料として、調理を誤れば中毒死する危険がある蘇鉄《ソテツ》の実まで食べていたことから、「ソテツ地獄」と呼ばれるほどに疲弊し切っていたのである。

即ち、上地完文はパンガヰヌーン拳法に対する人々の関心の高まりに耐えることができなくなっただけでなく、妻ゴゼイとその間にもうけた子供たちの生活を守るための二つの理由から、和歌山の紡績工場で守衛の職を見つけ、愛する家族を郷里に残して単身赴任する途を選んだのである。

当時は同じような事情から、海外移民や本土移住を決めた県民も多く、完文もまさしくその一人であった。

上地完文が職を求めて和歌山に来たのはちょうど関東大震災の翌年であり、各種産業基盤が壊滅的な被害を受けた首都圏に代わり、関西圏が日本の再生を図るべく大きな期待を背負った時期でもあった。

意外と知られていないが、関東大震災以降は震災で被災した企業や市民の大阪移転が相次ぎ、一九二五年（大正一四年）には大阪市の人口が二一一万人となり、ついに東京市（当時）を抜いて日本一になったことから、「大大阪時代」とも呼ばれた。（一九三二年には再び東京市が人口で大阪市を抜き返す）

大阪市内では大阪城天守閣の再建や地下鉄御堂筋線の建設などが行われ、関西圏は経済的にも活気溢れる時代を迎えた。

このような時代背景のなか、上地完文は元々紡績業が盛んで、かつ郷里本部の出身者が多数出稼

元寺町通り（大正14年）

ぎで働いていた和歌山市手平を新しい人生の舞台として選んだのである。後に述べるが、この転機がなかりせば、我が上地流唐手は恐らくこの世に存在し得なかったであろう。

ここで、上地完文の和歌山在住時代の社会情勢について少し触れておくこととしたい。拳法の修行者といえども、日々の生活基盤があってはじめて鍛錬精進が成り立つ訳であり、取り巻く時代の空気といったものを理解しておくことが、完文の足跡をより浮き彫りにしてくれるはずである。

ここに紹介するのは、上地完文が和歌山転身した直後の一九二五年（大正一四年）に撮影された和歌山市元寺町通りの風景写真である。この通りは和歌山城近隣に位置し、劇場や芝居小屋、映画館などが立ち並び、往時は大変な賑わいを見せたようだ。完文も時として訪れたことであろう。

次に、当時の新聞記事によって街の様子を見てみよう。大阪朝日新聞（紀伊版・一九二七年＝昭和二年一月七日）でちょうど写真の元寺町通りについて触れているので、現代仮名遣いによって原文のまま引用してみる。

「・・・洪水の心配が無くなったと思ったらしい市役所は築地に家屋の建築を許可した。先ず建てられたものは新しく開ける土地にはつきもののみ屋（飲食店・筆者補記）である。バラック式は漸次本建築に姿を変えた。盆、正月のみに限らず大抵の日は見世物が聲をからして客を呼んでいた。先ず劇場として美々しく建築されたものは紀ノ国座である、次が辨天座、興行熱は比較的盛んとなって興行をやれば必ず儲けたもので・・・（中略）・・・電気館は始めから映画を上映し映画熱が勃興してから紀ノ國松竹も指をくわえて見ているわけにも行かず映画専門館へ早変わりした。・・・」と、娯楽で賑わう街の様子が克明に記されている。

一九二五年（大正一五年）二月の記事では、田辺町の住吉座において、イギリス、ロシア、フランス、イタリアの拳闘家（ボクサー）や柔道家、力士を招き興行試合を開くことが紹介されており、この時代から和洋の格闘技が徐々に人々の間に知られるようになっていったこともわかって興味深いが、残念ながら唐（空）手の存在はまだほとんど知られるに至っていない。

このような和歌山市内の繁栄は、一九〇三年（明治三六年）の南海鉄道・難波〜和歌山市間の全線開通や、一九一一年（明治四四年）の全線電化など、大都市大阪との交通網整備によってもたらされた経済的、文化的な果実である。

また、「紀州沖縄因縁ばなし」という連載コラム（一九二七年＝昭和二年）のなかで、和歌山と沖縄の風俗や自然の類似性に触れながら、和歌山には沖縄出身者が数千人住んで日々稼業に勤しんでいると書かれており、彼らの暮らしぶりの一端を窺うことができる。沖縄からの転身者が徐々に増え、和歌山で一定の存在感を持つようになっていたからこその記事であろう。

昭和紡績近隣の和歌山紡績手平工場全景
（大正12年頃）

（三）紡績会社への就職

上地完文は和歌山転身に伴い、紡績会社の守衛として就職した。『精説　沖縄空手道―その歴史と技法』は会社名を「日之丸産業」と紹介しているが、当時の紡績会社の記録を調べても同名の社名は出てこない。

前出のＳ・Ｋ氏兄や和歌山隆聖館関係者への聞き取りでは、上地完文の就業先は「昭和紡績㈱」(旧紀州織布)であるとされ、「日之丸産業」は同社敷地内にあった関連会社か下請け先だった可能性が高い。

いずれにせよ、既に和歌山へ働きに出ていた同郷の知人らから紹介を受けて職を見つけたものと思われる。

和歌山では、明治二〇年に和歌山紡績㈱が設立されて以来、紡績業が盛んになっていった。その後に起きた日清、日露戦争や第一次世界大戦などの戦争特需、商都大阪との鉄道網整備、或いは和歌山港をベースとした航路の発達も追い風となったようで、昭和初期まで和歌山県の工業総生産額の実に七〇％も占めていた。

ちなみに、パナソニックグループ創業者である松下幸之助も和歌山の生まれであり、兄伊三郎も若い頃和歌山紡績の事務員として働いている。

ここで、当時の和歌山市内の紡績会社と、そこで働く人々の様子を克明に記録した興味深い資料

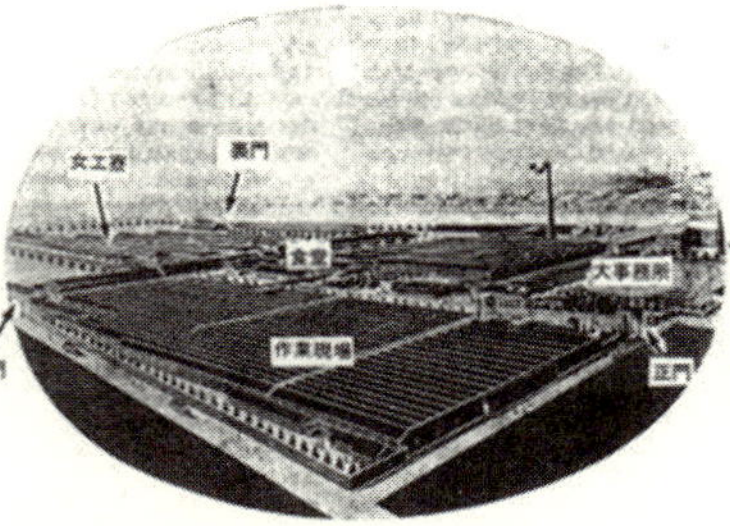

昭和10年代の昭和紡績全景～完文が勤務していたのではないかと思われる正門や裏門も見える

（「和歌山地理第一七号」・平成九年一二月）があるので、その概略をご紹介しておきたい。

そこには、昭和紡績社と女工たちの暮らしぶりだけでなく、上地完文の一番弟子となった友寄隆優も匿名で登場している。

統計によると、昭和紡績社は昭和一二年には従業員総数約一二〇〇名となり、和歌山紡績社に次ぐ大手先となっていた。

そのうち同社で働く女工の数は約千名であり、その大半は東北や沖縄、鹿児島の出身者であったという。（推計では和歌山市内紡績工場に勤務する従業員の一〇％程度が沖縄出身者とされる）

昭和紡績社は当時の住所で海草郡岡町村に設立され、第二次世界大戦時の軍需転換等を経て、現在は三菱電機和歌山製作所となっている。

昭和一〇年代には、多数の工員が工場近隣の手平地区の社宅や民間の長屋に住み、そこでは多くの沖縄県出身者も生活を営んでいた。上地完文も和歌山転居当初はその社宅に住んで守衛（門衛）

の仕事に勤しんだのである。

昭和紡績社で働く沖縄県出身者のなかでは、伊江島（伊江村）、今帰仁村出身の女工が多く、その他に本部、八重山、宮古島出身者も少なからずいた。

女工たちの賃金は見習工で月額七円、熟練工で一二円となり、独身者は工場の一画にある女工寮で集団生活をしていて、休みになると許可証をもらって正門から街に買い物や映画鑑賞などに出掛けていったという。

きっと上地完文も、女工たちが外出するときには許可証を確認しながら、温かい眼差しで見送ったことであろう。

ついでながら、昭和一〇年頃の物価を紹介しておきたい。女工たちの賃金が現在でどれくらいの金額に相当するのかということ以外に、後に紹介する完文のエピソードにも関係するからである。

昭和一〇年の主な価格を並べてみると、たばこ（ゴールデンバット）＝七銭、新聞購読料＝九〇銭、はがき＝一銭五厘、盛りそば＝七銭、白米一〇キロ＝一円八〇銭となっている（ちなみに空手衣は二円五〇銭の広告あり）。現在白米一〇キロの値段を四〇〇〇円とした場合、米価で比較換算すると一円が現在の約二二〇〇倍の価値があることになり、熟練工の賃金は約二六〇〇〇〇円、また現在、盛りそばの値段を一枚四〇〇円とした場合、一円が現在の約五七〇〇倍の価値があることになり、熟練工の賃金は約六八〇〇〇〇円となる。

東京での大工・左官の日当が二円程度であったことからすると、目一杯働いて月一二円という賃金はいささか少なかったと思われるが、それでも無駄遣いせず、郷里に仕送りをする者が多かったといわれており、けなげな暮らしぶりであったに違いない。

和歌山紡績工場内部（大正12年頃）

和歌山紡績工場女工寮（大正12年頃）

和歌山市手平に現存する長屋式の貸家。当時の面影を残す。

（四）友寄隆優との出会いと上地流唐手の胎動

前出「和歌山地理第一七号」によれば、友寄隆優は伊江島の出身（生まれは本部町）で大正時代（一二三歳の頃）より昭和紡績社の斡旋人（工場で働く従業員の募集業務を行う係）を務め、伊江島を始めとする沖縄の各地から女工などを多数和歌山に送り込んでいた。

戦後、「和歌山沖縄協会」の二代目会長を務めた友寄隆優は、男気があって交渉ごとが上手。沖縄県人からも人望が厚く、地域社会でも一目置かれる存在であった。

当時和歌山市内では、地元の愚連隊などが手平地区に住む沖縄県出身者に対しても乱暴狼藉を働き弱い者が泣き寝入りをしなければいけないようなケースもままあり、正義感が人一倍強く、腕に自信のあった友寄隆優（伊江島在のS・K氏兄は、少年時代の友寄を称してビンゴカミー＝腕白坊やと呼ぶ）や、沖縄出身の心ある青年たちは、時としてそのような輩と対峙する場面もあったようである。

そのような状況のなか、一九二四年（大正一三年）に上地完文が和歌山手平に転居し、昭和紡績社の社宅で偶然にも隣室となった縁で二人は親しくなり、徐々に会話を交わすようになった。

最初はにこやかに友寄青年の話を聞いているだけだった完文も、掛け試し＝街中での格闘シーンに話題が及ぶや目が鷲のように光り輝き、断片的ながらも実戦の攻防技についてアドバイスをしてくれた。きっと友寄が無用な怪我などしないよう、先輩として心配をしてのことであろう。

そこで教わった技を友寄が実戦で試してみると的確に相手を制圧することができ、上地完文がただ者ではないと直感していたが、ある時完文の口から「自分が中国に居た頃に」という言葉が出たことで、中国で修行を積んだ拳法家であることを見抜き、即入門を嘆願した。

しかしながら、上地完文は中国時代の苦い思いなども錯綜し、かたくなに拳法の教授を断ったが、純真無垢な友寄隆優の熱意に遂に根負けし、誰にも口外しないことを条件に、社宅の一室で個人指導を引き受けることとなった。

このあたりのエピソードにも、友寄隆優の真っ直ぐで人の心を打つ、ある意味憎めない人柄を垣間見ることができると思うのである。

読者諸賢、なかでも上地流唐手修行者の皆さんには、是非この二人の出会いを忘れないで頂きたい。なぜなら、もしこのときの運命の邂逅なかりせば、上地流唐手はこの世に存在し得なかったと思われ、私はもちろんのこと、この世の全ての修行者が斯道に関わることもなく、それぞれに違った人生を過ごしている可能性が高いからである。

この社宅での個人レッスンも二年を過ぎた頃には、三戦、十三の型もあらかたマスター、「沖縄の友寄」としてその実力が知れ渡り、街中での揉め事なども積極的に仲裁に入るようになったという。

しかしながら、友寄隆優の修行者としての真骨頂は、単に自身が強くなるだけでは満足せずに、上地完文を師として心から敬い、中国伝来のこの素晴らしい拳法を、完文が他の青年たちにも心置きなく指導できる環境を作ろうと決意したところにある。

中国時代の弟子が誤って人命を奪ってしまったことへの完文の懺悔にもそろそろ終止符を打ち、経済的にも安定した状態で教授を受けるため、友寄は沖縄出身の若者を集め、皆で説得する作戦に出た。

当時の５円札

(五) 社宅道場時代

一九二六年（昭和元年）のとある日、上地完文は友寄隆優とその仲間から面会を申し込まれ、拳法の正式な指導を懇願された。友寄の手には一人五円、三〇名分で何と一五〇円の大金が握りしめられており、昭和紡績に月給一五円で勤めていた完文は大いに面食らった。それは、単に金額だけでなく、同郷の青年たちの溢れる熱意に心を打たれたからである。

元々和歌山には、沖縄に残した家族を養うがため、齢四七にして単身赴任してきたこともあり、完文は暫く逡巡したものの、ありがたくその申し入れを受けることにした。いわゆる「社宅道場時代」の幕開けだ。

ただし、社宅道場は畳敷きの和室で、スペースの関係から少人数・交代制による指導となり、窓を締め切って部外者には稽古の様子を見られないようにしていたという。ここにもこの時代の武術修行の秘密性が垣間見えるのである。

さて、この「社宅道場時代」には友寄隆優のほか、優れた高弟たちが多数輩出しており、その一人に、現上地流空手道振興会創始者・上原三郎がいる。

上原三郎は友寄に紹介され（当時は紹介者が無ければ入門不可）、友寄の三日後に社宅道場への入門を許された。

上原三郎の子息・上原勇氏（上地流空手道振興会・関東東北連盟総師範）によれば、社宅道場での稽

パンガヰヌーン流空手術研究所の前で記念撮影（昭和9年1月）
前列中央が上地完文、右が完英

古は夕方だけでなく、道場が開いていれば昼休みにも稽古をしていたそうで、そのうちに上地完文が稽古の回数券を発行するようになると、出社前、昼休み、終業後と一日三回稽古をする日もあったという。

そのようにして、完文の社宅道場には、次々と拳法に魅せられた若者が入門してくるようになり、友寄隆優の思惑通り、武術師範として経済的にも安定した状態で教授できる環境が整ったことで一九二七年（昭和二年）、完文は長子・完英を和歌山に呼び寄せ入門させている。

（六）パンガヰヌーン流空手術研究所開設

現在の研究所跡地（2013年１月）

上地完文は、紡績会社での仕事や拳法の指導で多忙を極めながらも、熱心に稽古に通う門弟たちに囲まれて心身ともに充実した日々を送っていたが、一九三二年（昭和七年）春には会社を辞め、雑貨商を営む傍ら福州伝来の拳法指導に専念することとなった。

具体的には、和歌山市内の旧・手平大通りと通称昭和通り（昭和紡績社前の通り）の交わる場所に自宅兼道場である「パンガヰヌーン流空手術研究所」を開設。社宅道場時代とは異なり、広く一般に門戸を開放することとしたのである。

余談ではあるが、この研究所が開設された頃、ある門下生が移民としてブラジルに渡っている。上地完文は、その非凡なる青年に期待を寄せていたため大いに悔しがったといわれているが、偶然筆者の祖父母も一九三二年（昭和七年）に郷里熊本を離れ、神戸港を発ってブラジルに移住している。

世相的には、経済的に苦しかった九州・沖縄地区から、富と名声を夢見て多くの人々が南米に移住した時代でもあり、唐（空）手を始めとする日本の武術が、異国の地に根を生やしてゆく端緒ともなった。

（七）拳豪たちとの邂逅

パンガキヌーン流空手術研究所の開設以降、上地完文は沖縄出身の唐（空）手家たちと様々な出会いを重ね、また人間味溢れるエピソードもたくさん遺しており、順を追ってご紹介してゆきたい。

これから記述する内容は、恐らく既出の資料・書籍には触れられていないものばかりであり、等身大の上地完文を知るために大いに役立つ情報であろう。

一九三三年（昭和八年）、パンガキヌーン流空手術研究所では、完文を会長、門弟を会員とする道場組織「修武会」を立ち上げた。

それまでは、あくまで師匠対弟子の個人教授という位置づけで指導をしてきたが、会員相互の関係を円滑化し、研究所に集う者に対し会則を設けて一定の規律を課すものであり、徐々にではあるが、研究所が組織的な近代化を遂げようという兆しであった。

そのような情勢下、上地完文は糸東流創始者・摩文仁賢和と

摩文仁賢和

一九三四年（昭和九年）に研究所で記念すべき出会いを果たす。

その模様は前出の『空手研究』誌（一九三四年）に摩文仁の投稿記事（「支那拳法の話」）として紹介されているので、口語体でそのまま転記しておきたい。

―私（摩文仁賢和～筆者注）は所用があって去る一日、和歌山市東河岸町の門弟某を訪れた。

その途中第一に目に付いたのが左の看板であった。

パンガヰヌウン流

唐手教授

教師　上地寛文　＊以上原文のまま

なる程上地氏は二〇歳の時に支那に渡り、彼地で純支那式の拳法を一三年も修業して帰った大家だけあって、看板まで支那式だなと感心した。

そこで早速自分の要件（原文のまま）を後まわしにして、一番好きな拳法のお話しでもお聞きしたいと思い、上地氏の道場を訪れた。

幸いご在宅なので、色々とお話しの末、談たまたま支那の拳法の事に及んだ。ご参考までに左に大要を書く。・・・・（以降42頁の記述に続く）

文脈からすると、摩文仁賢和は和歌山市内に住む自身の元門弟？を訪ね、その途中で上地完文の研究所を見つけて立ち寄るのであるが、どうやら和歌山に来る前から完文の存在を知っていたと思えるような記述ぶりである。

ここで51頁で紹介した呉賢貴の演武写真をご覧頂きたい。その左後ろには摩文仁の姿が見えるが、摩文仁は一九二八年（昭和三年）に沖縄から本土に転出する以前より呉賢貴と交流があり、呉らを通じて上地完文の名前と武歴などを既に知っていたものと推察される。

実際、摩文仁は沖縄で一九一八年（大正七年）に「空手研究会」を、また一九二四年（大正一三年）には「沖縄空手研究倶楽部」を設立し、宮城長順（一八八八～一九五三）、知花朝信（一八八五～一九六九）、呉賢貴など、錚々たる空（唐）手界重鎮と交流を重ねており、そのような場でも完文の名を耳にしていたに相違ない。

大阪から電車で和歌山を訪ねた摩文仁は、自身の元門弟と面会すべく昭和通りを歩いているうち、偶然にもパンガヰヌーン流空手術研究所を見つけてきっと小躍りしたことであろう。

そしてその時の会話のなかで、日本人は拳が強いが、支那人は指先が強いことや、指先の鍛え方、或いは「パンガヰヌーン」の意味などを上地完文から聞き出しているのである。

非常に興味深いことに、完文は「パンガヰヌーン」の意味を、拳法の型が非常に速いという意味であると答えている。

沖縄唐手界重鎮たちの集い〜昭和10年代、東京にて。船越義珍、本部朝基、摩文仁賢和らの姿も見える『愛蔵版空手道一路』船越義珍（榕樹書林）より

そしてさらに驚くべきことに、摩文仁は完文に対し流派名は「パンガヰヌーン」ではなく「上地流」と改称してはどうかという提言を行うと同時に、自身の拳法についても流派名をどうするか検討中であると打ち明けているのである。

事実、この時の二人の会話に呼応するように、摩文仁は一九三四年（昭和九年）、大阪に空手道場養秀館を開設するとともに、自身の拳法流派名を糸東流と名乗り、一方で完文・完英父子は、一九四〇年（昭和一五年）に「パンガヰヌーン流」から「上地流」へと流派名を変更しているのである。

その後、この摩文仁と上地父子の交流は様々な形で続いており、まさに一九三四年（昭和九年）の出会いは、上地流唐手にとってエポックメーキングな出来事であったと言えよう。

さらにこの後、摩文仁とその盟友であった小西康裕（神道自然流創始、一八九三〜一九八三）は大阪から和歌山の完文を訪ね、研究所の門弟が演武した型（三戦など）を参考に「心波《シンパー》」の型を創作し、今日も糸東流系の門派で連綿と伝承されていることはあまり知られていない。

この時の完文の印象を小西は自身の著書「空手道上達術」（一九五三年）で、「若い時代を中国南部で過ごしたせいか日本語があまり上手ではないが、非常に思慮深く情熱的な人物である」と述懐しており、完文の人柄を窺い知ることができる貴重な証言である。（日本語云々は、単に沖縄の方言を小西が聞き取れなかったせいかも知れない）

しかしながら、ここでひとつだけ解せない疑問がある。それは、摩文仁が完文の研究所を初めて訪ねた際に見た看板を、「パンガキヌウン流唐手」と表記している点である。

『精説　沖縄空手道―その歴史と技法』によれば、一九三二年（昭和七年）に開設された完文の道場は既に「パンガヰヌーン流空手術研究所」という表記を使っていたとされ、雑誌『空手研究』における摩文仁の見聞記録と矛盾する。

この点の私の解釈は、「唐手」が「空手」と表されるようになったのは一九二九年（昭和四年）に船越義珍（一八六八〜一九五七）が「慶応大学体育会空手部五〇周年記念誌」で初めて「空手」という表現を用いて以降であり、研究所の看板は時代の趨勢を踏まえて既に「空手術」となっていたものの、完文が中国で一〇年余にわたる修行を積んだ大家であることへの配慮から、摩文仁は敢えて敬意をこめて「唐手」という表記を用いたのではないか、というものである。

この事は、やはり完文の武歴と伝承技法そのものが、当時の沖縄唐手（空）手界でも異色の存在として認知されており、商都大阪から離れた和歌山で道場を設けていたことも相俟って、一種独特の存在感を有していたことの証左かも知れない。

万才湯

（八）研究所の様子と上地完文の素顔

上地完文は一九二四年(大正一三年)から一九四六年(昭和二一年)まで、実に二二年もの月日を和歌山・手平で過ごしている。まさに第二の故郷と言ってもよいだろう。

その間、これまで紹介した以外に多くのエピソードを残しており、五年間の取材で得た内容を余すところなく書き留めておくこととしたい。

パンガヰヌーン流空手術研究所は旧手平大通りと通称昭和通りの交わる位置にあり、木造平屋建ての借家であった。玄関は東向きにありその前が畑、そして旧手平大通りの道向かいには銭湯・万才湯があった。

現在の万才湯は戦後新しく建て替えられたものであるが、場所は当時とほぼ同じ位置にあり、完文やその弟子たちも一緒に入浴することもあったという。

手平の街は、第二次世界大戦時の和歌山大空襲（一九四五年）の際も比較的被害が軽微であり、現在も当時の様相を随所に留めている。

研究所は完文の自宅も兼ねており、道場には約八畳間の和室が充てられ、稽古がしやすいように、畳は縁のないものを使用していたという。

S．K氏兄（伊江村在）
昭和元年生まれの89歳

前出のＳ・Ｋ氏兄（伊江村在）はパンガヰヌーン流空手術研究所（後に上地流空手術研究所）及び伊江島にて通算三年間を完文の内弟子として修行した。

一九四五年（昭和二〇年）に海軍長崎造船所で終戦を迎え、手平に住む親戚を頼って和歌山に移り、米軍関係の仕事をしながら完文に師事したという。

Ｓ・Ｋ氏兄は、道場室内には「南支パンガヰヌーン流」と書かれた木札が飾られていたことを今でも鮮明に覚えているそうだ。

稽古はほぼマンツーマンの形式でかなり厳しく、短パンに上半身は裸のスタイル。完文は袴に剣道着の上着のようなものを着て指導に当たった。

入門して暫くは三戦の立ち方、歩き方だけの指導だったが、恐らくは門弟の忍耐強さ、我慢強さを試していたのではないかと振り返る。

当時は一応段位制度もあり、一斗缶に砂利をいっぱい詰め、両腕で二缶持って三戦ができたら初段として認められたという。

門弟はもちろん男性だけで、時には研究所の格子窓越しに稽古を覗いた女性から入門の申し出があったが、完文は、自身の伝授する唐手は女性には向かないとの理由で丁重に断っていた。

また、完文と研究所で寝起きを共にしていたS・K氏兄は、ある日食事の後で完文とお茶を飲んでいたら、話題が拳の鍛え方に及んだ。

完文は目の前の空の湯呑み茶碗をちゃぶ台に置くと、小拳を使って手首の僅かなスナップだけで一瞬にして打ち砕き、その威力に戦慄を覚えたと証言している。まさに掛け値なし、一撃必殺の神技と言えよう。

戦後架け替えられた新堀橋

S・K氏兄に完文の得意技を尋ねると、「足刀による膝関節への蹴りと、同時に繰り出す顔面への正面弾き」との答えが返ってきた。自身も組手などで繰り返し稽古をしたと懐かしむ。

完文が正面弾きのトレーニングで松の木の生木を枯らした話を、上地完英は父親のエピソードとして語っている通り、余程得意としていたのであろう。

一方で、上地完文の茶目っ気たっぷりで温和な人柄を思わせるこんなエピソードもある。現在和歌山隆聖館で古参会員として稽古に励む東江満蔵氏（伊江島出身）が、完文の弟子でもあった義父から聞いた話として語ってくれた。

ある日門弟たちと和歌川沿いを散歩していた完文は、ひょいと新堀橋の欄干に飛び乗り、「私をこの欄干から棒で和歌川に突き落とすことができた者には五円を渡す」と宣言。弟子たちがそれでは遠慮無く、とこぞって挑戦したが、ガジュマルの木の根が生えたかのように三戦立ちで構えた完文を誰も落とすことが出来なかったという。

また完文は研究所で門弟の育成をする傍ら雑貨商を営み、米の売買も行っていたようで、ある日掛け売り先に代金の回収に行くと、今はお金が無いと体よく追い帰され、意気消沈してしょんぼり帰宅したことがあったらしい。

酒席で相手と口論になり、思わず柱を叩いてしまった門弟をきっぱりその場で破門して、二度と研究所に通うことを許さなかったほど厳格だった完文も、市井の人々の前では、決して偉ぶることもなく、善良な心優しい一市民として普通に暮らしていたのである。

（九）正義の鉄拳

他方、右のような微笑ましいエピソードだけではなく、上地完文は武術家として時に正義の鉄拳を振るったこともあったようである。

東江氏の義父が、ある時完文と友寄隆優が地元の愚連隊と決闘になりそうだとの報せを聞きつけ、すわ応援にとばかり濡れタオルを石に巻きつけて新堀橋のたもとに駆けつけると、そこには既に道端に倒れて呻いている愚連隊の姿があり、完文と隆優は何事もなかったかのように静かに立っていたという。

これは武術家によくある武勇伝のひとつかも知れないが、実はその一部始終を目撃していた門弟の証言も残っている。

四国徳島に在住のＫ氏によれば、掴み掛かって来る愚連隊の腹部に、完文が裏拳を一発見舞うと、相手が崩れ落ちるように道に倒れたと言う。恐らくは即失神したものと思われ、かなり危ない倒れ方である。

正面弾きに象徴されるがごとく、完文の鍛え上げられた両腕は我々の想像を遥かに超えた威力を備え、まさしく「武器」そのものであったと思われる。

またS・K氏兄は完文が和歌山市から頼まれて、墓泥棒（墓を荒らして、遺骨に埋もれた指輪や金属類を盗む泥棒）を取り押さえ、警察に突き出したこともあったと語る。

完文と隆優は心根の優しい男であったが、不正を見過ごすことのできないまさに義人としても、その足跡を手平の街にしっかりと残しているのである。

友寄隆兄館長の十三

（一〇）パンガヰヌーン流空手術の技法

さて、ここからは読者諸賢にとって異論や疑義がたくさん生じるであろうことを想定しながらも、上地完文が中国福建省から持ち帰った拳法のスタイルについて私見を述べることとしたい。

我々が中国福建省を訪ねた際、福州市武術協会の叶秘書長が完文について次の通り語っている（29頁参照）

一三年の修行で三つの型（サンチン、セーサン、サンセールー）

中口師範（友寄隆優門弟）と
下野尻指導員による三戦鍛錬

と小手鍛えをマスターし、日本に持ち帰って独自の工夫を加え、今日の上地流唐手に発展せしめたことは大成功であった・・・。

つまり、完文は福建省で学んだ拳法（鶴拳、虎拳）をそのまま和歌山で教えたのではなく、自身で改良、工夫を加えたうえで、門弟に「パンガヰヌーン拳法」として指導したということになる。

これが事実とすれば、一体原型はどのようなもので、そこにいかなる工夫を加えたのかを検証したいところであるが、今となっては事実上不可能と言ってもよい。（小手鍛えだけは、福州での交流会においてほぼ同様の内容であったことから、完文も改変を行うことはなかったと考える）

しかしながら、何らかの改変を行って和歌山で伝授したこと自体は、一番弟子であった友寄隆優が完文から聞き及び、後に家族に語り継いでいる。

先述の通り、二〇一一年（平成二三年）二月、筆者は初めて和歌山市手平にある上地流唐手道和歌山隆聖館・友寄道場を表敬訪問した。

余談ながら、ＪＲ宮前駅から道場に向かう途中で何気なく立ち寄ったコンビニエンスストアこそが、実はパンガヰヌーン流空手術研究所の跡地であったことを後に知り、驚きのあまり鳥肌が立ったことを今でも鮮明に記憶している。

単なる偶然にせよ、まるで完文が私の伝記執筆のための取材活動を喜んで、見えない力で導いてくれているかのような錯覚すら覚えたものである。（後日、仕事の用件で和歌山市内を訪ねた折り、ある飲食店でたまたま隣り合わせになった方が沖縄出身であり、空手の話を切り出したところ、何と上地流空手道宗家のご家族と中学同窓生であることが判明。その際も不思議な導きを感じざるを得なかったものである）

和歌山隆聖館の友寄隆兄館長（五代目）の計らいで稽古にも参加させて頂き、そこで三戦、十三の型を拝見した瞬間、私の脳裏に電撃のようなものが走った。

ある程度の技法の差異は想定していたものの、誤解を恐れずに表現すれば、和歌山隆聖館の小手鍛え、三戦、十三と我々が学んできたそれは、根幹部分は同じながらも、そのディテールは似て非なるものであり、かつ完文の技法を今日までそのまま忠実に伝承しているとの説明を受け、感動と同時に私の頭の中は混乱で整理が付かない状態に陥ってしまったのである。（もっとも、現在の和歌山隆聖館の十三は、完文のオリジナルから多少の改変を加えられていることが判明している）

三〇数年来私が学んできた上地流と何故にかくも技法が異なるのか・・・。小手鍛え（和歌山隆聖館では腕固めという）の際の腕の引き、三戦の立ち方、貫手の際の構え手の使い方、廻し受けの軌道、蹴り足の引き等々、細部において全く違うことをどう解釈したらよいのか・・・。

上地完文が学んだとされる周子和の「鶴拳・虎拳」、「パンガヰヌーン流空手術」＝和歌山隆聖館の上地流唐手道、そして我々が学んできた沖縄上地流唐手道。

この三者の技法的相違、相関をどう解釈整理したらよいのか・・・。この時の和歌山訪問で、私自身とてつもない宿題を背負ってしまったことを悟ったのである。

この点について詳しく解き明かすことが本書の主題ではないため別の機会に譲るとするが、後編において少しだけ触れておく。

ちなみに、和歌山隆聖館には三十六は伝承されておらず、型としては三戦、十三のみとなっている。

このことについてその理由を色々探ってみたが、そもそも鍛錬・実戦向けの型としては三戦、十三で十分であり、三十六まで伝授する必要性が少なかったなどの説もあってはっきりしない。

そこで、元内弟子のＳ・Ｋ氏兄に幾度かのインタビューのなかで質問してみると、「その理由は明らかです。最後の奥義である三十六（サンダールイ＝パンガヰヌーン流空手術研究所での呼称）は、自身が中国で苦労して学んで来た拳法＝上地流空手術の承継者たる長子・上地完英にしか伝授しないことで、将来の道統を明らかにしておこうという思いがあったのでしょう。」との答えが返ってきた。

いずれにせよ、これまで見てきたように、我が上地流唐手は和歌山市手平の地において事実上の産声をあげ、友寄隆優を始めとする高弟たち、及び完文の長子・完英らによって守られ、育まれ、そして世界の上地流として大きく勇躍するチャンスを掴んだことは間違いない。

空手界では、上地流の道場が和歌山で初めて開かれたことをもって沖縄唐（空）手ではなく、「和歌山空手」であると揶揄する向きも一部にあるが、今まで述べてきた通り、例え発芽の場所は和歌山であっても、手塩に掛けて育ててきたのはまがうことなく完文を始めとする沖縄の武人たちであり、その一点をもってしても、「沖縄唐（空）手」以外の呼称は凡そ当てはまらないと私は考えている。

次章では、長子・完英が和歌山を離れ、上地流の伝道師として大阪、兵庫で活躍する時代を描写してみることにしたい。

もちろん、完文の姿も大阪の街に登場することになるが、日本が徐々に戦争にシフトしてゆくという時代の影が空手界にも忍び寄ってくるのである。

第五章

関西での芽吹きと母なる島への回帰

（一）上地完英の大阪転出

一九三七年（昭和一二年）、上地完文の長子・完英は、新たな職を求めて商都大阪に転身する。

一九三七年といえば、日中戦争の端緒となった有名な盧溝橋事件が勃発した年であり、日本国内においても段々と戦時色が濃くなっていった時期である。そのことを反映するかのように、完英（当時二六歳）の就職先は大阪砲兵工廠（火砲製造所）であった。

既に和歌山において父・完文のもとで一〇年余修行していた完英は、空手の修行、普及活動に邁進すべく、一九三九年（昭和一四年）に大阪西成区鶴見橋通りにあった住まいを道場とし、正式に「パンガヰヌーン流空手術大阪支部」の看板を掲げるのである。

完英は同年に結婚。家庭を持つに至り、仕事に道場にと忙しくも充実した時代を過ごすことになるが、門弟はなかなか定着せず、多少悶々とする時期でもあったようだ。

筆者は、この大阪支部が鶴見橋通りのどの辺りにあったのかを調べて記録に留めるべく、大正時代から多くの沖縄県出身者が住んでいたという大阪西成区に幾度も足を運んだ。

それは、単に興味本位からの取材ではなく、糸東流創始者で上地完文と交流のあった摩文仁賢和が、一九二九年（昭和四年）に東京を経て沖縄から大阪へ転居。鶴見橋通りで道場を設けて既に活動を始めており（一九三四年＝昭和九年には大阪市内の別の場所に養秀館を開設）、完英と摩文仁の交友関係を明らかにしてゆく際の参考としたかったのである。

二〇一二年（平成二四年）一二月、西成区鶴見橋通りに初めて足を運んだが、土地勘も情報も全くないため、先ずは西成沖縄県人会関係者を訪ねた。

西成沖縄県人会館

アポイントもない面会であったが、取材の事情を説明すると、県人会役員の久高 勝氏が快く協力を申し出て頂き、私は感謝の念で一杯になった。

その後、同氏による地元長老や県人会関係者への聞き取り活動を通じて徐々に情報が集まり、筆者もその後二回西成の現地調査を行った結果、遂に「パンガキヌーン流空手術大阪支部」跡地を特定することができたのである。

その場所は、西成区鶴見橋二丁目で、現在「鈴成座」という演劇場になっており、鶴見橋商店街から少しだけ路地を入ったところにある。

鈴成座

久高氏によれば、その場所には戦前貸家があり、多くの沖縄県出身者が住んでいたようで、土地の現所有者O氏も現在は沖縄に戻って暮らしているという。

三回目の現地調査において、同氏の紹介で県人会関係者の喜納政本氏（大阪狭山市在）と面会が叶い、喜納氏が地元のさる長老から、鈴成座の場所に戦前上地流の道場があったらしいとの情報提供を受け、支部所在地名の新旧相関や土地所有者等の事実関係から総合判断し、ほぼ間違いないであろうとの結論に至ったのである。

大阪市立西成図書館にて、昭和初期の古地図や電話帳の写しを入手、その資料を手に握りしめ、足を棒にしながらの取材活動はなかなかハードであったが、何とか目的を果たすことが叶い、ほっと胸を撫で下ろした次第である。

余談ながら、この大阪支部跡地の調査でも、筆者は不思議な力に導かれたとしか言いようのない体験をしている。

実は、右に掲載した鈴成座の写真は、初めて西成の街を訪ねた時、特に何の理由もなく、ただのもの珍しさからシャッターを押した最初の一枚だったのだ。上地完文、完英父子が、「この場所だよ」と、そっと教えてくれたような、そんな感覚である・・・。

「人間思えば通ず」との言葉があるが、本書執筆のための取材活動では、様々なご縁とご厚意に助けられ、何とか筆を進めることができた。紙面をお借りして、久高氏、喜納氏に改めて御礼申し上げる次第である。

（二）摩文仁賢和・宮城長順との交流

一九三四年（昭和九年）に上地完文と摩文仁賢和が和歌山で交流を持ったことにより、大阪に転出した完英も当然の流れとして、摩文仁と親交を深めることになる。

摩文仁は同年、大阪市大正区に養秀館を開設し（現在の養秀館は港区）、流派名を糸東流と名乗っており、関西空手研究会なる組織も設立し、本土における斯道普及活動に邁進していた時期である。沖縄タイムス紙（一九六一年）に掲載された上地完英のインタビュー記事によれば、詳細時期は不明ながら、完英は大阪支部時代、大阪市内で開催された沖縄相撲の試合にゲストとして招かれ、そこで空手の演武を行っている。

その演武が終わった時、赤嶺某という沖縄出身の巨漢が完英の腹部を拳で殴らせて欲しいと申し出てきた。

大会役員の一人が、ここはそのような場ではないと断ったが、完英は怯むことなく引き受け、赤嶺某に思いきり五回ほど鳩尾《みぞおち》を突かせたのである。

赤嶺某はどうやら空手の心得があったとみえ、さすがの完英の鍛えた腹部も突きの衝撃で皮膚が切れ、血が滲み出す事態となった。しかし、身体には全くダメージは残らず、平然と構えている完英の姿を見て観客はさらに度肝を抜かれ、役員席に居た摩文仁賢和からは、よく鍛えたものだと褒められたという。

このエピソードに接して思うに、和歌山時代の父・上地完文による鍛えがいかに峻烈で実戦的であったかを窺い知ることができるとともに、上地流修行者にとっては、三戦鍛えによる心身錬磨こそが最も重要な課題であることを再認識させられる。

この演武の際の完英の雄姿が、翌朝の朝日新聞と毎日新聞に掲載され、さらにその記事が東京駅と梅田駅頭に掲示されたことで、上地流は大いに世間に注目されることとなった。

後日談として、この記事を見てか、剛柔流の第一人者であった宮城長順がわざわざ完英の道場を訪ね、完英の五つの型（詳細不明ながら、三戦、十三、三十六以外に二つの型を演武したことになる）を見て、支那（福州）でもそれほどのレベルの高い型は見たことがないと褒められ、完英は痛く感激したそうである。

このように、和歌山から大阪に転出した上地完英は、父・完文から学んだパンガヰヌーン流空手術をひたすら磨き続け、より高い次元に昇華させる努力を怠らなかったのである。

今まで述べてきたように、関西圏における上地流唐手は糸東流や剛柔流の大家たちと交流研鑽を重ねつつ、徐々に名声を高めていったわけだが、上地完文・完英父子やその高弟たちの武術に賭ける真摯な姿勢と厳しい鍛錬、そして融和を大切にする人柄が根底にあってこそ為し得た偉業であり、戦後、完英が上地流の技法を徐々に改良してゆく際の貴重なヒントも得たことであろう。

(三) 唐(空)手に対する世評

昭和初期の唐(空)手に対する世評はいかばかりのものであったろうか。昭和の時代になると、摩文仁賢和や宮城長順、或いは船越義珍といった著名な大家が相次ぎ本土に渡って唐(空)手の指導を開始している。

一九三三年(昭和八年)には、唐(空)手が大日本武徳会から日本の武道として承認されたが、まだ柔道・柔術の一部門としての扱いであり、その意味では当時の武道界に於いてはいささか中途半端な存在であったと言えよう。

一方その名称については、船越義珍が師範を務めていた慶応義塾大学唐手研究会が、一九二九年(昭和四年)に「唐手」を「空手」と改めたことをきっかけに、徐々に「空手」の表記が広まっていったとされる。(その意味では、完文が一九三二年=昭和七年にパンガヰヌーン流空手術研究所という表記で看板を掲げたことは、当時としては先駆的な取り組みであったと考える)

そのような事実からも読み取れるように、昭和初期における唐（空）手は、まだ広く一般大衆に認知されるに至っておらず、一部の柔道家や剣道家に知られていた程度であった。

ここで参考に大正時代の唐手の認知度を窺い知ることのできる有名なエピソードを記しておきたい。

一九二三年（大正一二年）一一月、京都市内で開催されたボクシング対柔道の公開試合があり、当時沖縄で実戦空手家としてつとに名を馳せていた本部朝基（一八七〇〜一九四四）が、見学だけでは飽き足らず、齢五二歳にして飛び入り参加。巨漢のロシア人ボクサーの顔面を掌底で突いて（素手の拳による打撃と蹴りは禁止）一発で倒したことが、大正一四年に雑誌「キング」で紹介され全国区で一躍話題となったが、観客や選手で空手を知る者はほとんどいなかったと書かれている。（この異種格闘試合の模様は沖縄朝日新聞（一一月一〇日号）でも紹介されたが、本人はボクシング対戦には特訓が必要と後日回想している）

雑誌「キング」に掲載された対戦模様の挿絵
（1925年＝大正14年）

昭和初期の唐（空）手に対する世評をさらに詳しく探りつつ、上地流と糸東流の交流を詳細に調査する目的で、二〇一三年（平成二五年）二月、筆者は大阪市港区に道場を構える糸東流二代目宗家・摩文仁賢榮師範を訪ねることとした。

摩文仁賢榮師範は一九一八年（大正七年）生まれで現在御年九六歳。糸東流創始・摩文仁賢和のご長男として現在も養秀館道場で日々門弟の指導に当たっておられる。

以下は摩文仁師範との一問一答である。（筆＝筆者、摩＝摩文仁師範）

（筆）摩文仁賢和先生が西成区鶴見橋通りで初めて道場を出された頃の様子について教えてください。

（摩）父は自身が沖縄で学んだ空手を普及すべく、警察官を辞めて大阪に転居して道場を設けました。

最初は自宅として借りていた長屋の一室を道場にしたのですが、当時は空手の知名度はまだまだ低く、待てど暮らせど入門者は誰もいませんでした。父賢和は生活のため、止む無く夜警などの仕事をしていたようです。

父が自身の稽古をするほか、時折関西大学の沢山という学生やその仲間が稽古に来ることがあり、道場として使用した和室の畳はボロボロであったことを覚えています。

(筆) その後はどうされたのですか?

(摩) 暫くして生徒が集まらないので、仕方なく鶴見橋通りの道場は閉鎖して、都島に転居して新たに道場を設けることにしました。(養秀館)

私が戦争から復員して貰った手当を使い、道場を畳敷きから板敷に変えましたが、それから生徒が徐々に集まるようになってきました。

(筆) 上地完文、完英父子とはご面識がありますか?

(摩) 私は戦争が始まってからフィリピンに出征しましたので、完文先生、完英先生ともに残念ながら面識はありません。

しかしながら、父・賢和からは和歌山に上地完文という凄い先生がいると聞かされたことがあります。

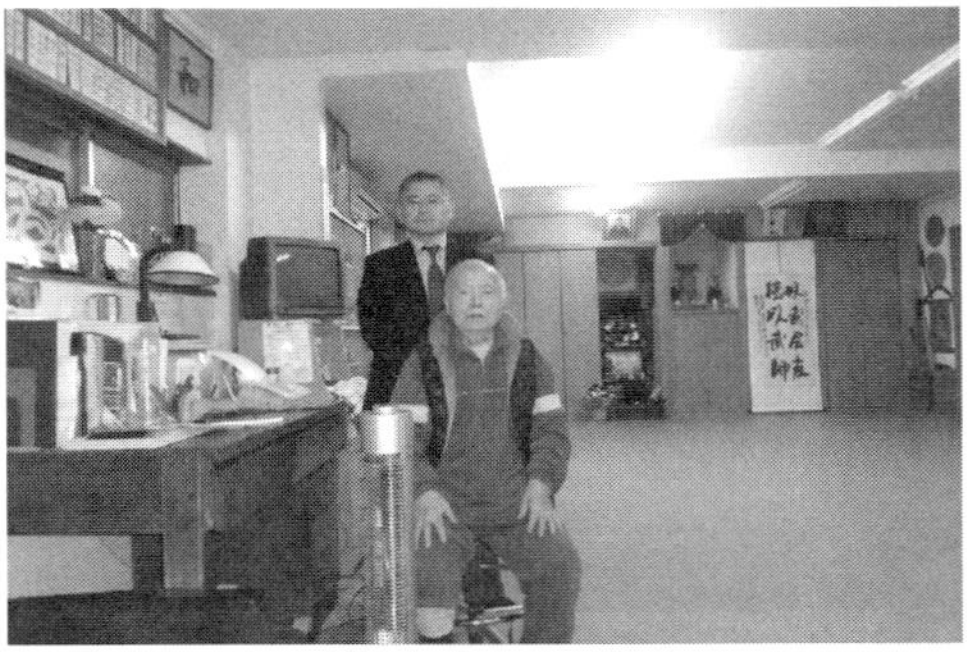

摩文仁賢榮氏と筆者

また、上地完英先生は大阪西成で道場を出されていたとき、崎山という優秀な門弟を持っておられたという話も記憶しています。

（筆）摩文仁賢和先生と小西康裕先生が、パンガキヌーン流空手術の型を参考に、心波の型を創作されたと聞きますが事実でしょうか？

（摩）その通りです。当時は流派に関係なく、お互いに空手の技を研究、研鑽する動きが徐々に出てきた時代です。

（筆）道場に掲示してある呉賢貴の写真はいつ頃の撮影ですか？

（摩）時期は定かではありませんが、関西大学での演武の際の写真です。（51頁参照）

呉賢貴は商売人で、その一環で大阪を訪ねて来た際、父が頼んで特別に演武をお願いしたようで、開手による独特の技遣いに、学生たちは興味津々だったそうです。

右の会話にあるように、昭和の初期はまだ空手自体の認知度が低く、道場を構えても門弟が集まらないような状況であった。（当時の電話帳も調べたが、もちろん「空手道場」などの頁は無い）

もっとも、世情を見れば、上地完英が大阪西成区に転居した一九三七年（昭和一二年）は、日中戦争遂行のための戦時経済統制がスタート。一九四〇年（昭和一五年）には大阪を含む主要大都市で砂糖とマッチの切符配給制度が試行され、その後米や衣類にも広がっていった時期である。人々の暮らしには徐々に戦争の影が忍び寄り、兵役に取られる若者も増えたりして、大方は武術を習う経済的、精神的な余裕など無かったことであろう。せっかく芽吹き出した空手には、試練ともいえる逆風が吹き始めていた。

（四）高弟たちの活躍

大阪での上地流史を語る場合、上地完文の社宅道場時代の高弟である上原三郎について触れなければなるまい。

上原三郎

上原三郎は一九〇〇年、沖縄県那覇市で生まれ、一九二一年（大正九年）に徴兵で陸軍に入隊。除隊後の一九二五年（大正一四年）、完文より一年遅れて和歌山に転身し、和歌山紡績手平工場に就職した。

当初は本部流を習っていたが、友人である友寄隆優の紹介もあり、隆優に続いて上地完文の門下に入ったのである。

上原の二男・上原　勇氏（上地流空手道振興会修武館総師範）によれば、社宅道場時代には、夕方だけでなく昼休みにも稽古に打ち込むこともあり、完文が稽古のための回数券を発行すると、出勤前も通うようになったという。

約七年に亘る厳しい修行を積んだ上原は完文から免許皆伝を許され、一九三二年（昭和七年）に大阪市大正区に転居し、東洋コークスの荷揚げ請負作業の監督をしながら、夜は若者たちに空手の指導をする毎日であった。

その頃に、都島で道場を開いていた糸東流創始・摩文仁賢和とともに大阪市内の警察署を巡って空手の演武を行い、三戦の鍛えや上地流、糸東流の型の分解などの披露を通じて沖縄空手の普及啓蒙活動を行っている。

今日の空手普及も、そのような先人達の努力と苦労によって実ったものであり、我々は改めて感謝の気持ちを持たなければなるまい。

上原は大阪で空手の指導に邁進する傍ら、恩師・上地完文のことを常に忘れることなく、時折は和歌山から完文を大阪に招いて稽古をつけてもらったり、宴席を設けてもてなしたという。

当時は既に和歌山、大阪間の鉄道網も整備され、人々の往来もかなり増えていた時代であり、一九三三年（昭和八年）には梅田、心斎橋間の地下鉄も開通するなど、大阪は急速な都市化を遂げていた。

前年には難波に日本で初めての全館冷暖房完備の百貨店として高島屋がオープンしており、商都大阪の活況には上地完文も目を丸くしたに違いない。

1932年創業当時の高島屋南海店

上原勇氏の口述によれば、完文はまだ幼少だった勇氏を膝の上に座らせ、いつもにこにこしていたそうだが、宴席でほろ酔い気分になり、機嫌がよい時は中国の唄を口ずさんだり、部屋の障子を締め切って三十六の型を披露したりすることもあったという。
特に三十六は「三角飛び」とも言われる跳躍しての足運びが入ったもので、とても素早い動きの型だったそうである。この点は、和歌山時代の内弟子であるS・K氏兄からも同様の証言を得ている。
このようにして、上原三郎は一九四六年（昭和二一年）に沖縄へ引き揚げるまで、上地完英や他流の指導者達とも連携しながら、大阪の街で地道に上地流唐手を育み続けたのである。

（五）兵庫・尼崎への転身

一九四〇年（昭和一五年）、上地完英は大阪から兵庫県尼崎市戸ノ内に転居している。戸ノ内地区は尼崎市に流れる神崎川と猪名川に挟まれた大きな三角州エリアにある。

戸ノ内地区には一九三一年（昭和六年）頃、大阪西成で米屋を営んでいた沖縄・本部村出身の男性が、養鶏をするために河川敷付近に住みつき、そこに別の沖縄出身者のグループも集まってきて、徐々に集落を形成していったとされる。（戸ノ内地区の沖縄県人のうち、約三割が本部出身者）

当時は練炭などの火種に使う「から消し」（けし炭）が作られて、「から消しの戸ノ内」とも呼ばれていたそうで、一九三七年頃になると養鶏だけでなく養豚を始める者や、会社勤めをする者も出るようになった。同年には沖縄県出身者の親睦団体である「戸ノ内親友会」が結成されている。

完英は戸ノ内にあった鐘ヶ淵紡績の工場に勤務し、その社宅の一角で道場を開いて指導を開始（跡地も概ね判明)。その際、看板を「上地流空手術研究所」とし、一般には意味がわかりにくかった「パンガヰヌーン流」の名称を改め、より一層の普及を図ることにしたのである。

実は、先に紹介した『空手研究』(一九三四年刊行)において、摩文仁賢和が上地完文に対し、流派名を上地流に改めてはどうかという助言を行ったことが書かれており、それから六年後に完文・完英父子とその高弟達の総意によってようやく改称されたことになる。

この尼崎・戸ノ内の道場は、戦後の上地流隆盛を支えることになった優秀な門弟を幾人か輩出しており、ここではそのうち、糸数盛喜(一九一五〜二〇〇六)と古堅宗隆についてご紹介しておきたい。

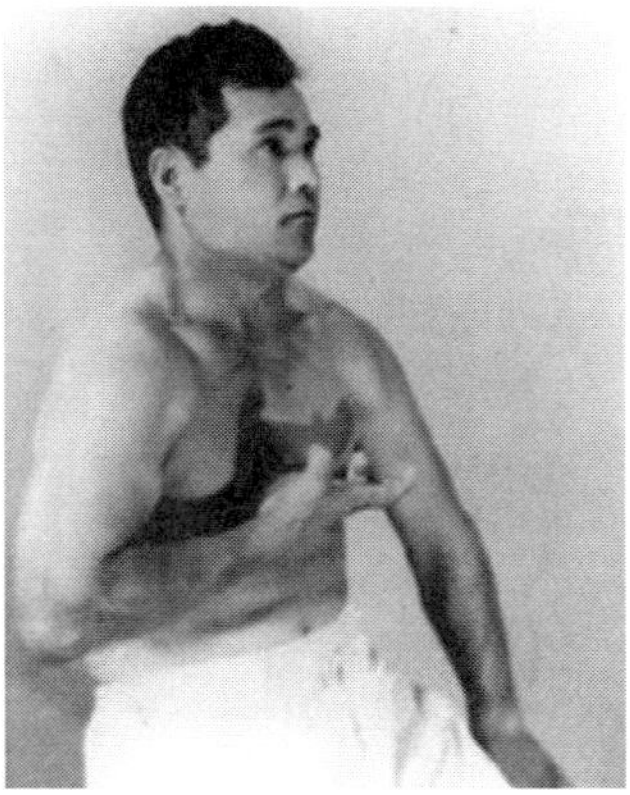

糸数盛喜

糸数盛喜は一九一五年(大正四年)に沖縄県西原村で生まれた。青年期には有名な空手家である喜屋武朝徳(チャンミーー小)に二年ほど師事し、一九三五年(昭和一〇年)に二〇歳で陸軍入隊。支那事変に参戦し、二年間で兵役を終えて帰郷している。

それから間もなく、兄弟を頼って上阪し、大阪の造船所で働くことになったが、尼崎市に上地流の道場が出来たと知り、すぐに門を叩いている。

戦争のキナ臭い香りがする時代ではあったが、道場は三〇名程度の門弟を抱えて活況を呈し、勤務を終えた夜や休日が稽古の時間であった。

一九四二年（昭和一七年）、上地完英が沖縄に帰郷すべく道場を閉めると、糸数は門弟たちの強い要請を受けて自宅に道場を開き、上地流の修練を継続する場を設ける。

時には古堅ら古参の仲間と研究会を催したり、不明な点があると和歌山の完文のもとを訪ね、直接指導を仰ぐこともあったという。現在尼崎から和歌山まで最速で一時間半ほどで到着するが、当時はかなりの時間を要したことであろう。

上地完文にしてみれば、長子・完英が上地流の承継者として兵庫で種を蒔いたことの結実であり、糸数らの訪問を心から歓迎したに違いない。

糸数は一九四七年（昭和二二年）に西原に引き揚げると、早くも翌年には上地流空手術研究所を開設し、斯道普及に奔走した。

稽古で門弟が負傷すると、和歌山を訪ねた折りに完文から製法を学んだと思われる秘伝の打ち身薬を飲ませて面倒を見るなど、稽古は厳しいが優しい道場主として地元で人望を集めていったのである。

糸数は、後に「第二セーサン」（その後「完周」に改称）を創作するなどしながら、師匠・上地完英を補佐する形で戦後の上地流発展に尽力、晩年にはその功績が認められ、沖縄県の無形文化財・空手古武術保持者に認定されている。

鐘ヶ淵紡績戸ノ内工場の社員宿舎
（撮影年不明）

筆者の師匠である故・山田親和師範（一九四六～二〇一一）は、故・米須清師範（一九四二～一九八四）に神奈川県で師事したが、米須師範はこの糸数盛喜の門弟であり、筆者もこの稿を進めながら、自身の武術系譜に改めて触れることが叶い、おおいに感銘を受けている次第である。

一方の古堅宗隆（一九二〇～二〇〇四）は、一九二〇年（大正九年）に沖縄県本部町の渡久地港近くで生まれた。青年期に尼崎に転居。鐘ヶ淵紡績戸ノ内工場で働いていた際、たまたま社員寮で隣室に住む上地完英と知り合いになり、入門を許された。

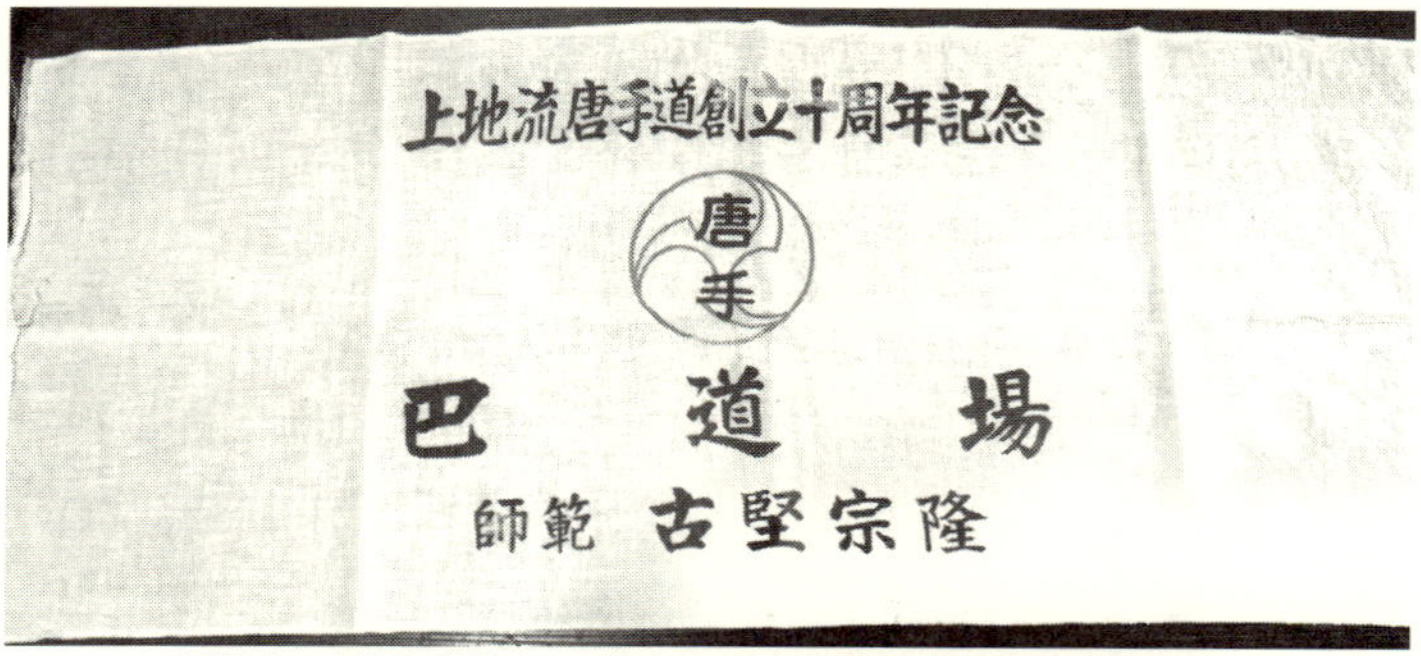

1950年（昭和25年）に作られた巴道場10周年記念手拭い

古堅は若い頃に父親から国吉流《くによし》という空手を習っており、完英の前で型を演武し、その流儀の技遣いであれば上地流の修行にもきっと役に立つであろうと認められ、晴れて門弟になったとされる。

この時の社員寮の名称が「巴寮」であったことから、古堅は後に自身が戸ノ内に開いた道場を「上地流唐手道巴道場」と命名している。

古堅は、先に紹介した糸数盛喜らとともに和歌山を訪ねることで上地完文とも面識があったと思われ、完文が和歌山で拳法を教えるようになったきっかけとして、次のようなエピソードを高弟たちに遺している。

ある日、完文が手平で開かれた宴席に出席した際、ひとりのならず者が暴れ出して包丁を投げ、完文が座っていた近くの柱に突き刺さった。

その時完文は、真面目な青年に拳法を教えて真っ当な人間を作ろうと心に決め、遂に道場を開くことにした、というものである。

また、師匠である完英については、ある日貫き手でレンガを割ることは可能かと尋ねたら、下駄を逆さまにひっくり返して歯の上にレンガを置くや、いきなり貫き手を使って割り砕き、その破片が飛んで窓ガラスまで割れてしまったことがあると回想している。

古堅は糸数盛喜らが沖縄に帰郷した後も尼崎に残り、自身で道場を主宰した。

今でもその系譜を引くのが、古堅の門弟、故・福島寿礼師範（一九三二〜二〇〇八）が尼崎市塚口に開いた上地流唐手道巴会塚口道場である。

塚口道場は阪急伊丹線沿線にあり、塚口駅から徒歩七〜八分の位置。福島師範を慕う門弟の皆さんが、現在も熱心に稽古に取り組んでいる。

塚口道場の皆さん

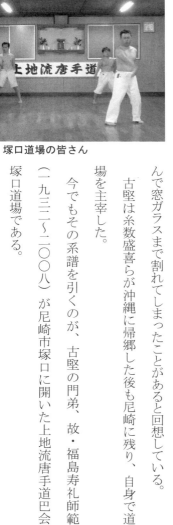

福島氏による三十六の型

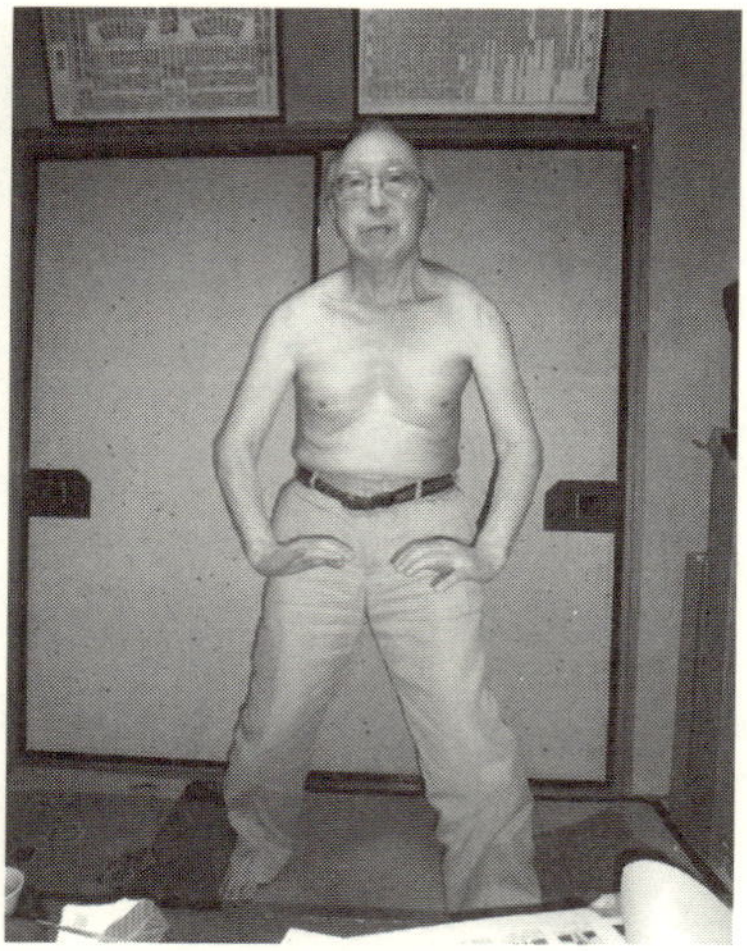

原田氏による三戦の型

流儀は上地流と国吉流。両流系統の型と腕鍛えなどが伝承されており、型は和歌山隆聖館や沖縄上地流ともいささか趣が異なり実に興味深い。

本書の執筆を後押しするかのような一本の電話が筆者に入ったのは、ちょうど塚口道場への取材を検討していた二〇一二年五月のことであった。

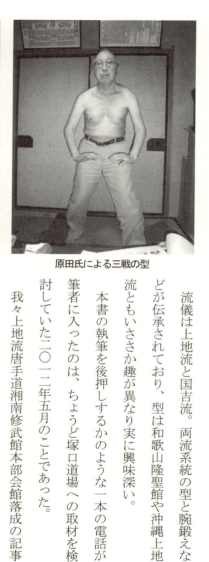

我々上地流唐手道湘南修武館本部会館落成の記事が朝日新聞に掲載され、その記事を見た原田浩男氏（横浜市港北区在）から、関東エリアにおける上地流の現況について照会を受けたのである。

聞けば、原田氏は若い時分に上地流唐手道巴道場にて古堅宗隆に師事し、塚口道場の故・福島寿礼師範は兄弟弟子に当たるという（前頁写真の手拭いは原田氏所蔵）。早速翌月にご自宅を訪ね、色々と当時の様子を取材することにした。

原田氏は一九三一年（昭和六年）生まれ。巴道場に入門したのは一九五〇年（昭和二五年）で、糸数盛喜が沖縄に帰郷し、代わって古堅宗隆が巴道場を立ち上げて間もない頃である。

稽古にはバスを利用して加島で下車し、モスリン橋を渡ったところにある道場まで通っていた。最初は古堅の自宅（社宅）の前庭に板を敷き詰めて稽古していたが、そのうち河川敷に建てられた家屋を使用するようになったという。

数年間稽古に励み、三戦、十三、腕鍛えなどを修得したが、家業の関係で神奈川県川崎市に転居することになってしまい、当時関東には上地流の道場が無かったため、結局は修行を断念せざるを得なかったとのことである。

当時、三戦、十三、三十六（サンダールイ）の型は全て人差し指と中指の二本で貫き手を行っていたが、自身は二本指では強さに欠けると考え、今と同じように親指以外の四本指を揃えて貫く

戸ノ内の河川敷での棒術稽古
（左が福島師範～昭和30年代）

河川敷にあった道場跡地（2012年撮影）

塚口道場、右が福島師範（昭和40年代）

よう改良していたそうだ。

師匠の古堅に関しては、その後幾度か関東で再会している。一度は、東京で空手の全日本選手権大会を見学した際、古堅が審判員として参加した時と、横浜鶴見の糸洲会宗家道場に同行した時であり、糸洲会総本部でも、古堅との交流についてはきちんと口伝で遺されている。

その後塚口道場を訪ね、故・福島師範の実弟・寿良氏から、たくさんの写真を含め、貴重な資料や情報を提供頂いたのでご紹介しておきたい。

故・福島師範は一九三二年（昭和七年）生まれ。自身が記した略歴によれば、一九四八年（昭和二三年）に糸東流初代・摩文仁賢和の門弟となり（恐らく都島の道場）、色々な経緯を経て一九五一年（昭和二六年）に巴道場の門を叩く。

その後、古堅が鍼灸師として沖縄に戻ると、福島師範がその跡を継ぎ、会社員生活をしながら現在の塚口道場を開設。地道に斯道普及に邁進したという。

上地完英、上原三郎、糸数盛喜、古堅宗隆など、有力な指導者が戦前戦後に相次ぎ沖縄へ帰郷するなか、古堅を中心とした人脈系譜によって、上地完文のＤＮＡを受け継いだ上地流の道場が、戦後和歌山以外の関西エリアにも力強く芽吹いてゆくのである。

実は、今日までの上地流史においては、大阪、兵庫での軌跡について語られることはほとんどなかったが、日本が先の大戦に向かう不穏な時代においても、そして戦争に負けて精神的にも肉体的にも塗炭の苦しみを強いられた終戦直後においても、不撓不屈の心構えをもって黙々と道統を守り続けた先達が存在したことに、ある意味、稽古環境に恵まれ過ぎている我々後進は、再度心から敬意を払うべきであろう。

（六）母なる島への回帰

一九四五年（昭和二〇年）八月一五日、日本がポツダム宣言を受諾し、第二次世界大戦は敗戦と

沖縄への引き揚げ記念写真（1946年10月撮影）
上地完文、新城清優、S・K氏兄らが写っている

いう結末を迎えた。

沖縄はもちろん、上地流関係者が日々の生活と修行に明け暮れた和歌山、大阪、兵庫の街も、相応の地域が空襲などによって灰燼に帰し、人々は明日からの生きる希望を見失ってしまう一日となったのである。

長子・完英を先に沖縄に戻した上地完文も、沖縄の凄惨な被害状況を耳にし、家族の安否を心配するだけでなく、母なる美ら島が戦争で破壊され尽くしたらしいとの報せに、胸は張り裂けんばかりであったろう。

敗戦で米軍軍政下に置かれた沖縄への引き揚げは、終戦直後に民間船によって自力で決行（密航）した者もあったが、正式には一九四六年（昭和二一年）から開始されている。

同年一一月、上地完文は上地流空手術研究所を筆頭弟子の友寄隆優に任せ、和歌山から郷里沖縄へ二一年ぶりに戻ることを決意した。

当時も終戦直後とは言え、まだ二〇名程度の門弟が完文や隆優のもとで日々修行に励んでいたこともあり、完文は強く後ろ髪を引かれる思いだったという。

帰郷に際しては、伊江島出身の新城清良・清優（一九二九～一九八二）父子やS・K氏兄などを伴い、一行は引き揚げ船が出航する名古屋港を目指して汽車で移動した。

終戦直後で鉄道網も乱れ、名古屋まで乗り継ぐのが一苦労。揚句には名古屋港で二週間も足止めを喰ってしまったため、S・K氏兄らは、その間の食料調達や寝場所の確保などに苦慮したという。

賢友流・二代目宗家　友寄隆一郎氏

さて、筆者は戦争前後の関西圏における空手史をより詳しく調査すべく、二〇一三年（平成二五年）二月、大阪市城東区にある賢友流空手道宗家・友寄隆一郎氏にインタビューの機会を得たので、ここで少しその時の内容をご紹介しておきたい。

賢友流初代宗家・友寄隆正（一九〇七～一九七七）は、明治四〇年に沖縄県本部村で生まれ、幼少の頃に一家で伊江島に転居した。

その頃から親戚の叔父たちに福州仕込みの「手」を習い、後に本島で宮城長順の門下に入って本格的な唐手の修行を開始している。

一九二七年（昭和二年）には、職を求めて大阪市西成区に移住。鉄工所の工員として生計を立てながら、再び唐手の修行に打ち込む日々を模索していた。

一九二九年（昭和四年）、二三歳で結婚したが、同時に、沖縄から大阪に転身してきた糸東流創始者摩文仁賢和を訪ね、入門を許されている。

摩文仁が上阪してすぐの門人となった隆正は、熱心な稽古と天性の武才によって、型、組手ともに抜群の実力を備え、一九三〇年（昭和五年）には大阪市内に唐手道場を持つに至る。

友寄隆正は、摩文仁が設立した「関西空手術研究会」の幹部として各種会合などにも顔を出しており、摩文仁の側近として活躍する一方で、本部朝基が大阪で立ち上げた「唐手研究会」にも参加するなど、斯道普及に向け精力的に活動した。

一九三九年（昭和一四年）には、摩文仁賢和の賢と、友寄の友を一文字ずつ取って、師匠に認められる形で自身の流派「賢友流」を創流。その後も特別な師弟関係として、関大、近大、関学などの指導もサポートしながら、幾多の優秀な門人を育てあげていったのである。

現宗家・隆一郎氏から入手した資料からそのまま引用すると、「・・・昭和の初期、関西空手界に豪勇なる実力家三氏が出る。即ち、上地流の友寄隆優、賢友流の友寄隆正、首里手と那覇手を修めた友寄隆進である。三氏は親族に当たる。戦後、隆優は大阪ニュージャパンの柔道場での演武会の時、ビール樽を拳でぶち抜いた。また、三戦立ちをして首にロープを巻かせ、それを引っ張って締めさせてもびくともしなかったという。ぶち抜かれたビール樽はしばらく柔道場に置かれ、語り草になったと言われている。・・・昭和の初期〜戦後にかけて三拳は流派は異なるが空手普及の形成期に数々の武勇伝を残し、斯道にその名声を馳せている・・・。」

現宗家の隆一郎氏も、賢友流の二代目として一九四三年（昭和一八年）より初代隆正から空手を習い始め、今日では国内外の多くの支部道場を統括する重責を担っているが、実は今回、本書執筆に関連し、貴重な証言を得ることができた。

それは、隆一郎氏がまだ小学生だった昭和二二年に、大阪中之島公園で戦後第一回目の沖縄県人会総会があり、そこで上地完文らしき空手家が十三の型を演武したように記憶している、というものだった。

その時の型の特徴は廻し受けにあり、現在の上地流のように円形ではなく、一旦手を正面に貫くかのように突出し、そこから引っ掛けるようにして戻しながら受けるものであったという。

そこで筆者が調べてみると、確かに一九四六年（昭和二一年）四月、大阪中之島公会堂において南西諸島連盟（沖縄県人連盟に奄美諸島出身の島民も加盟）大阪本部の結成大会が開かれていることがわかった。

その演武者については、上地完英は既に四年前に沖縄に帰郷していることから、一九四六年（昭和二一年）一一月に帰郷した上地完文か上原三郎、或いは翌年帰郷した糸数盛喜（またはその名代門弟）である可能性が高い。

事実関係は今後の調査結果を待つにせよ、終戦直後の県民大会で上地流唐手が披露され、敗戦のショックと様々な生活苦にさいなまれていた沖縄出身者の魂を少しでも鼓舞することができたとしたら、沖縄唐手としてのその使命を十分に果たしたのではないだろうか。

完文を始めとする上地流の先人達は、このようにして或るものは母なる美ら島に戻り、また或る者は関西の地に残って根を深く張りながら、それぞれの人生を唐手と共に全うしていったのである。

第六章　武士（ブサー）の晩年

（一）帰郷

一九四六年（昭和二一年）も残すところ一カ月余りとなった頃、上地完文一行の乗った引き揚げ船はようやく名古屋から沖縄の勝連港に入港。暫くの間、久志の収容所に滞在することになった。愛する美ら島が、米軍の艦砲射撃や地上戦で見るも無残な姿になっていたことに、大いに心を痛めたに違いない。

完文は米軍から島内通行許可を受け、名護・宮里の家族のもとを訪ねてその無事を確認したものの、占領下の様々な事情もあり、少し期間を経てから新城父子やS・K氏兄らの出身地である伊江島に向かうこととなった。

伊江島は本部半島の北西約九キロに位置する離島で、周囲約二三キロの小さな島である。現在では観光やダイビング、修学旅行（民泊）などで島を訪れる人々が絶えず、毎年四月下旬から始まる伊江島ゆり祭りでは、百万輪のテッポウユリが人々の目を楽しませてくれる。

そんな伊江島も、上地完文一行が旅装を解いた頃はほとんど戦火で焼き尽くされ、米軍が完全に統治する島となっていた。

一九四五年（昭和二〇年）四月には、「六日戦争」と呼ばれる日米軍の激しい戦闘が伊江島で展開され、日本軍約二〇〇〇人、村民約一五〇〇人が戦死したという。

このような戦火に見舞われた伊江島であったが、S・K氏兄の実家は偶然にも焼け残り、完文は取り敢えずそこに仮住まいすることを決めたのである。

伊江島に上陸した米軍（1945年4月）

僅かに残った島民同様、一体どうやって生きてゆけば良いのか考えるだけでも不安になったが、そんな状況においても、上地完文とその門弟たちは、和歌山で唐手の修練に励み、厳しくも充実した日々の記憶を決して忘れることはなかった。

やがて、完文は新城父子やS・K氏兄らとともに、米軍の目を気にしながら庭先で密かに稽古を再開したのである。

そこへ、幼い頃和歌山から伊江島に戻って中学（旧伊江国民学校）の教師をしていた友寄隆宏氏（友寄隆優の三男）が合流し、早速道場開設に向けて行動を開始する。

友寄氏は、中学の生徒達を動員し、米軍の余った資材を貰い受けると、S・K氏兄の実家敷地内に、仮設道場を建設したのである。上地完文最後の道場となった伊江島の上地流空手術研究所はコンセット材を用いて造られ、広さは概ね一〇畳くらいであったという。

コンセットとは、いわゆる米軍のカマボコ型兵舎のことで、鉄骨、トタンなどの金属類で構成され、兵員移動後は民間払い下げにより、学校や病院、役場などの施設としても活用されていた。組立・解体が容易であり、夏場は焼け付くような暑さだったが、唐手の稽古には十分な建設資材であったと言えよう。

コンセット材でできた戦後沖縄の小学校校舎

そのようにして、終戦直後の混乱期にありながら、復興の槌音とともに、早くも唐手の息吹が聞こえるようになったのである。

筆者は本書を執筆するに当たり幾度も伊江島を訪問したが、四回目の訪問時（二〇一三年三月）、偶然にも米軍施設からそのコンセット資材を運んだという島の長老に面会することが叶った。その人物とは、何と前出の和歌山隆聖館・古参会員、東江満蔵氏の実兄だったのだ。

その事実を東江氏自身も筆者からの報告で初めて知り、大いに感動されていたが、筆者が東江氏の実兄をS・K氏兄との会食に誘い、何気なく昔話に花が咲いた時に、お互いの記憶を辿るような形で明らかになったのである。

伊江島の上地流空手術研究所跡地
（現在のS・K氏兄の自宅敷地）

両氏の再会が、図らずしも六七年ぶりに叶った瞬間に同席し、本書執筆の締めくくりの取材訪問と考えていた筆者は、万感の思いに涙腺が緩み、改めて完文を始めとする上地流の先達がプレゼントしてくれたに違いない邂逅に、心から感謝した次第である。

ここからは、本書序章で紹介したS・K氏とS・K氏兄（共に現在伊江村在住）へのインタビュー内容をそのまま紹介し、伊江島・上地流空手術研究所の様子を克明に記しておくこととしたい。

（二）伊江島・上地流空手術研究所と上地完文

以下は、伊江島での上地完文門弟、S・K氏との一問一答である。（筆＝筆者、S＝S・K氏）

筆者とS・K氏（2009年4月～ご自宅で）

（筆）上地完文先生からはどれくらいの期間習われましたか？

（S）一八歳の頃、約一年間習いました。

（筆）当時は何名くらいの門弟が道場に通っていましたか？

（S）確か一〇数名程度だったと記憶しています。

（筆）一緒に稽古された方のお名前を教えてください。

（S）兄（S・K氏兄）以外には新城清優さんや友寄隆宏さんです。

（筆）道場には子供は通っていましたか？

（S）子供の門弟はいませんでした。

（筆）完文先生のお人柄などについて教えてください。

（S）とても真面目で頭が良く、達筆でした。

中国語はとても流暢でした。

（筆）完文先生の教えで印象に残っていることは？

（S）空手を習って一人前になったら、決して喧嘩をするな、といつも言われました。

（筆）完文先生の得意技を教えてください。

（S）正面弾きがお得意で、いつも木の枝に向かって弾きの稽古をされていました。

（筆）呼吸法はどのように習われましたか？

（S）貫き手を出す時に同時に息を吐き、引くときに吸う感じでした。

（筆）稽古時間や回数はどのような感じでしたか？

（S）毎日夜八時〜一一時くらいまで。毎日やらないと強くならない、と言われました。

（筆）完文先生の中国時代のエピソードを聞いたことはありますか？

（S）道場を持っていたことと、道場破りを何回も退けた話は聞いたことがあります。

（筆）完文先生のサンダールイ（三十六）の型はご覧になったことがありますか？

（S）ありますが、動きが速すぎて頭では理解できませんでした。実戦では一発勝負ですから、あのように速く動くことは当然だと思います。

（筆）道場の月謝はおいくらでしたか？

（S）戦後のことでお金も無く、芋などの食材を月謝代わりに差し上げていました。

（筆）小手鍛えの稽古はいかがでしたか？

（S）小手鍛えが一番大切な稽古でした。弱い人は泣きながらやってました。

（筆）指の構えは？

（S）三戦の時は、親指をしっかり折らないと脇を固めることができない、と教わりました。

（筆）完文先生の一三年間にわたる中国修行に疑問を持つ意見もありますが？

（S）少なくとも七～八年くらいはみっちり鍛えないとあれ程の型は使えないでしょう。

（筆）スーパーリンペイの型について何かお聞きになったことはありますか？

（S）特に聞いたことはありません。

（筆）完文先生は食事中も貫き手の稽古をされていたと聞きますが？

（S）いつも自分の太腿などに貫き手を当てたり、両腕で小手鍛えをされてました。

（筆）中国秘伝の漢方薬について何かご存知ですか？

（S）特に知りませんが、蓬汁に少量の砂糖を混ぜて飲んでおられたようです。

（筆）三戦の鍛えはきつかったですか？

（S）打撃も強かったし、とにかく最初は痛かったです。全身を鍛えられました。一年間毎日稽古。勝負事は何でも熱中してやらないといけないと思います。

（筆）完文先生はお酒は飲まれていましたか？

（S）お酒もタバコも嗜まれませんでした。

（筆）完文先生の趣味は？

（S）特に無かったですね。お話し上手で村人からは慕われていました。とにかく大人しくて優しい方。稽古では一度も怒られた記憶がありません。

（筆）懇親会などは開きましたか？

（S）稽古の後に食材を持ち寄り、新米弟子が調理して、先生と夕食会などをしたことはありました。

（筆）完文先生の師匠について何か聞いたことはありますか？

（S）記憶にありません。

（筆）組手の稽古はありましたか？

（S）防具は無く、顔面と金的以外はどこに当ててもいいというルールでした。ある程度稽古で鍛えると、先生が二人を組み合わせ、どちらかがやられると止めに入る、といった感じで、一発間違えて技が入ると危険な感じでした。

（筆）足先蹴りはどのような使い方でしたか？

（S）完文先生は、よく小指の部分で斜めに蹴られていました。五本の指が固まった状態で蹴るので、親指だけの蹴りよりも威力があったということでしょう。自分自身は痛くありませんが、体重が乗りやすいので相手へのダメージが大きいわけです。

（筆）貫き手についてはいかがでしょうか？

（S）もちろん、相手のあばら骨の部分を狙うのですが、あまりにも危険なので、絶対に喧嘩などで使うなときつく戒められました。

(筆)稽古衣は?

(S)先生は羽織袴姿、門下生は冬でも上半身裸、下は短パンでした。

(筆)段位や級はありましたか?

(S)特にありません。帯は適当に締めていました。

(筆)上地完英先生とのご面識はありますか?

(S)直接はありませんが、戦前に日本軍が伊江島飛行場を建設する時、舞台の上で兵隊相手に型を演武されているのを見たことがありますが、とても素晴らしい型だったと記憶しています。先生は馬車を使って工事に従事されていましたが、戦争が始まると本島に戻られたようです。(※筆者注~一九四三年=昭和一八年三月より、旧日本軍は島内外の民間人を徴用し、飛行場建設作業に従事させている)

S・K氏は面会当時七九歳。颯爽とバイクに跨り、村の仲間とゲートボールなどを楽しんでおられる様子だが、インタビューにもあるように、「勝負事は何でも徹底的に熱中せよ」の精神で、幾度も大会優勝を遂げられているという。

次に、和歌山時代、伊江島時代の門弟であるS・K氏兄との一問一答である。（筆＝筆者、K＝S・K氏兄。なお以下は数次にわたるインタビュー内容をまとめたものである）

（筆）上地完文先生からは通算どれくらいの期間唐手を習われましたか？

（K）和歌山で一年、伊江島で二年の通算三年間習いました。

（筆）完文先生のお人柄は？

（K）とにかく温厚で真面目な方でした。字もとても綺麗でしたよ。

（筆）伊江島での道場再開はどなたの提案ですか？

（K）完文先生からです。

（筆）どこまで習われましたか？

（K）サンチン、セーサン、小手鍛えです。サンダールイ（サンセーリュー）は先生の演武を見たことはあるが、とにかく四方八方に素早い動きの型でした。恐らく直接習ったのは息子の完英氏だけだと思います。

（筆）道場の様子は？

（K）コンセット材でできた道場で、毎日稽古していました。自分は師範代として、時折先生の代わりに教えることもありました。

（筆）呼吸法や廻し受けの使い方はどうでしたか？

（K）貫き手を出すと同時に息を吐くやり方で、廻し受けは（左右に）振り向きざまに行い、受け切ったと同時に相手の（腕）を引き寄せながらその反動を利用して突きを入れる感じです。

Ｓ・Ｋ氏兄と沖縄上地流唐手道協会幹部（2012年11月）

（筆）伊江島での流派名は何と名乗っておられましたか？

（K）上地流です。

（筆）自由組手の稽古はどうでしたか？

（K）激しくやっていました。今の空手の試合は寸止めとかしていて、武術ではないですね。

S・K氏兄によるセーサン鶴立ちの構え

（筆）完文先生の稽古時の服装はいかがでしたか？

（K）いつも羽織袴姿でしたね。

（筆）サンチンの鍛練はいかがでしたか？

（K）砂利を入れた一斗缶を両手に持って構えが出来たら一人前（初段）と言われました。

（K）何をやるにもサンチンが一番大事。肩を落として脇を締め、肛門を締めることで腰を持ち上げよと言われてました。

鍛えは入門から段々きつくなりましたが、先生はサンチンの姿勢を入念にチェックし、後ろから臀部を両手で叩いて、「ハイッ」と気合を入れられてからサンチンを始めていました。

（筆）完文先生の指先の鍛え方は？

（K）とにかくいつも指先で自分の身体を突いていました。食事をする時もです。

（筆）完文先生はお酒やタバコは嗜まれましたか？

（K）いいえ、召しあがったところは見たことがありません。真面目一方な方でした。

（筆）和歌山隆聖館で伝承されているセーサンを（ビデオで）ご覧になっていかがですか？

（K）最後の部分が昔と少し違うようです。

（筆）完文先生の教えで印象に残っていることは？

（K）右利きの人間は、攻撃の際に右肩が下がるので、どちらが利き腕かを一瞬のうちに判断し適切に防御せよ、などと教わったことを覚えています。また、唐手をしっかり稽古していれば医者と薬は要らない、が口癖でした。

（筆）完文先生は城山（イージマ・タッチュー）に登られたことはありますか？

（K）あると思います。眺めもいいですし、誰かとサンチンの稽古をやったと聞きました。

（筆）完文先生の最期は？

（K）晩年は病気がちで、ここ伊江島で亡くなりましたが、ご遺体はある門下生が名護の実家まで船でお運びしたと記憶しています。

以上が、S・K氏及びS・K氏兄へのインタビュー概要であるが、S・K氏兄のご子息も幼少の頃に完文と接しており、自身のことを「マサー、マサー」と名前で呼んでいたことや、いつも歩きながら自分の腿や腕を貫き手で突いていたこと、そして晩年は髭を生やしていたことなどを覚えているという。

S・K氏兄は八九歳だが、今もなお車を乗りこなして自営業に精を出す壮健ぶり。S・K氏共々、上地流唐手の生き証人として、今後とも益々健康で末永いご活躍を心から願うばかりである。

城山山頂から本部方面を望む

(三) 巨星墜つ

戦後の荒廃した時代にあってなおかつ、上地完文とその弟子達は唐手の道を究めることに心血を注ぎ、伊江島という上地流とは切っても切れない宿縁の地で道場を再開。恒久平和と美ら島の復興を願いながら日々を過ごしていた。完文は、長子・完英や和歌山時代の高弟たちの要請で、本部や今帰仁で開催された唐手演武会に参列するなど、折々に伊江島と本島を往来する暮らしぶりであったが、かねてより腎臓を患っていたこともあり、徐々に病魔の手が忍び寄っていたのである。

一九四八年（昭和二三年）一一月、戦後の食糧・衛生事情の悪さも相俟って、流祖・上地完文は、生誕の地本部・嶽武当《たきんとう》が一望できる伊江島で、遂に不帰の客となってしまった。享年七一歳。まさに奇蹟の拳法と共に歩んだ生涯であった。

異国での苦難の修行、和歌山での運命の邂逅、そして最期まで武士として過ごした人生の晩節を、一体どのように回想しながら天に召されて行ったのか・・・。今となっては、誰も知る由がない。

追補 ～ある女性門弟による上地完文追想録

（一）伊江島での運命の出会い

上地完文は伝記初版でも述べたとおり、生涯女性の門弟を取ることはなかったとされていた。その理由は、自身が中国から持ち帰った拳術が、鍛錬方法などの内容から、女性に不向きと考えていたからである。

Ｈ・Ｋ氏（左）と筆者

しかし、この世にたった一人だけ、女性の門弟が存在した。それが昭和九年生まれのＨ・Ｋ氏（沖縄県中頭郡在）である。和歌山時代からの門弟、Ｓ・Ｋ氏兄（伊江村在）のご夫人だ。

Ｈ・Ｋ氏は伊江村で生まれ育ったが、戦後は米軍の爆撃等で荒れ果てた島となり、占領下で苦難の少女時代を過ごしたという。

収容所から伊江島への帰島を許されてからは、生家の農業を手伝うなどして暮らしていたが、昭和二三年春に、幼い頃からの許嫁であったS・K氏兄が、上地完文を伴って島に戻ってきた。当時はまだ中学生の少女であったH・K氏は、S・K氏兄の実家敷地の一角に構えられた完文の居宅のすぐ近くに住み、爾来、家族ぐるみの付き合いをするなかで、共に日々を過ごしたのである。ちなみに、茅葺の完文居宅脇には、専用の巻き藁が立てられていたそうだ。

(二) 完文翁との楽しい日々

H・K氏は、完文から我が子のように可愛がられ、完文が畑で農作業する際や、島内を散策する際によく連れて行かれたという。

完文はその温厚誠実な人柄から、「イーチ(うえち)のタンメー(お爺さん)」と島民から親しみを込めて呼ばれていた。

普段は酒も煙草も嗜まない真面目な暮らしぶりだったが、一度だけ島民から酒席に招かれ、不覚にも酔いが廻ってしまったせいか道に迷って帰宅が遅れたことがある。H・K氏らが心配して探し廻ると、「上地完文ここにあり」と拳を空に突き上げながら大声で叫ぶ完文を見つけ出し、無事居宅に連れ帰ったという微笑ましいエピソードを聞かせて頂いた。

しかし、ほどなくバラック（コンセット材）の道場が設けられ、門弟も集まって稽古を始めたことで、完文が拳法の大家であることを知ったという。

「普段は温和なオジイでしたが、空手の稽古が始まると怖くて近寄り難い雰囲気でした。しかし、稽古の時の袴姿はとても凛々しくて格好が良かった」とH・K氏は懐かしむ。

そうこうするうちに、畑仕事の合間などに、完文から拳法を教えてあげようと言われ、個人レッスンがスタートした。子供や女性には自身の拳法を教えようとしなかった完文にとって、ただ一人だけの女性門弟の誕生である。

「三戦三年」が完文の口癖。昭和二三年に完文が急逝してしまったため、三戦しか習うことが叶わなかったが、実に懇切丁寧な指導を受けたという。とにかく立ち方、急所の締め方をいつも注意され、前進する時はお尻を叩き、「はいっ」と掛け声を掛けられたそうだ。

「肩を落とせ」「肛門を締めなさい」という教えは、和歌山時代に伝わる指導内容とも合致する。

そして、子供ながらに「喧嘩は絶対にしてはならない」といつも戒められていた。

伝記初版では、完文が伊江島の中心部にある小山＝城山（いーじまたっちゅー）の山頂でよく稽古をしていたらしいという逸話を紹介したが、何を隠そう、H・K氏は時折山頂に同行し、完文と二人で三戦の稽古をしていたという。三六〇度のパノラマの絶景を見渡しながらの稽古は実に爽快だったそうだ。

戦後間もない頃の城山には登頂用の階段など無かったため、山頂に登るのは大人でも一苦労だったそうだが、当時七〇歳を過ぎていた完文が、岩肌に生える雑草を片手でひょいと掴み、まるで猿のようにすいすいと登って行く様には、H・K氏も心底驚いたという。

また、完文は中学生だったH・K氏に対し、拳法だけでなく熱心な教育も施している。時折、ススキの穂で筆を作り、鍋の底に溜った煤でメリケン粉の入った袋に漢字を書いて教えてくれたという。薄墨ゆえにすぐに消えてしまうが、とても綺麗な字であったことを記憶しているそうだ。

他にも、戦後福建省から来島した鉄屑のバイヤーに対し、流暢な福建語で対応していたことも実際に見聞きしており、これらの点はS・K氏兄弟の記憶とも完全に合致している。

以下、H・K氏が伊江島時代に完文から直接聞き取った生涯の足跡や、拳法に関する様々な口伝について紹介しておきたい。

(三) 渡清にまつわるエピソード

完文が中国での修行を目指したきっかけや渡清時のエピソードについては、初版でも詳しく述べたところであるが、H・K氏も次のように直接聞かされたそうだ。

・自身の親戚が福建省での拳法修行経験者であり、話を聞いて興味を持った。
・福州へは仲間四人と刳り船で密航した。時折船に飛び込んでくる魚やイカを食糧にしながらの航海だったが、途中でシケに遭い、自分だけが福州のとある海岸に、気を失った状態で打ち上げられた。
・そこで偶然漁をしていた拳法の先生に助けられ、それがご縁となって修行を始めた。

H・K氏は、とにかく命がけの渡清だったことに、大変感銘を受けたそうで、改めて初版の記述を補強する証言となった。

（四）中国・福建省修行時代の足跡

初版では、完文の師匠について「周子和」説を提唱した。その後沖縄空手界において、「周子和」説を否定する異説も出てきたが、今回、H・K氏とのインタビューを通じて、我々の説を裏付けする重要な情報を入手したのである。

H・K氏は伊江島で完文から拳法を習った際に、素直な子供心から「いーちのタンメーが勉強した学校はどこ?」と質問すると、完文はにこにこしながら、「山学校」と答えたそうである。

不思議に思って詳しく聞くと、若い時代に中国の山深い里で拳法の修行をしたこと、時には山に入って木々を相手に鍛錬に励んだこと等を静かに語ってくれたという。

また、現地での生活ぶりについては、師匠は手広く農業を営み、その手伝いをしながら住み込みで自給自足の暮らしをしていたこと、そしてその頃の生活はとても楽しく充実したものであったと懐かしんでいたそうだ。

右記の傍線部に注目して頂きたい。初版刊行のために取材調査で訪ねた「周子和」の生家は、掲載写真でもわかるように福州市郊外の山間部にあるという事実、そして、完文は若い頃から木々を相手に正面弾きや足刀蹴りなどの鍛錬をしていたというエピソード、更には師匠の生業（「周子和」の生家は当時豪農だった）に見事に一致する証言なのである。

加えて、師匠との修行や日々の生活が楽しく充実したものであったという点については、「周子和」と完文の年齢が三歳しか違わず（初版年表参照）、師弟と言うよりは、むしろ仲の良い兄弟のような関係だったからこその追想ではなかったろうか。

今回このようなH・K氏による直接的な証言が新たに得られた以上、「周子和」師匠説はより強固なものになったと言って良いであろう。

さて、ここで完文はなぜH・K氏にこのような過ぎし日の想い出を語って聞かせたのであろうか。その点についてH・K氏は、「完文先生は時折私を見つめては、もう大きくなったろうか・・・と寂しそうな表情をされたことを覚えています。恐らく福州に、私に似た感じのお嬢さんを残してこられたんだな、と子供ながらに感じていました。」と答えてくれた。

後日、完文は沖縄には戻らず、福州に永住する覚悟でいたが、ある事情があって沖縄に戻らざるをえなかったという事実も吐露したという。家族思いで子煩悩と言われた完文の人柄を彷彿とさせるエピソードとして紹介しておきたい。

一方で、中国福建の修行ぶりについても、完文はH・K氏に様々な想い出や教訓を語り遺している。例えば次のような想い出話しは、現代の修行者にとっても実に示唆に富むものではあるまいか。

あまり大柄な体格ではなかった完文を小馬鹿にする修行仲間もいたが、「針は（自分のように）細くて小さいが、それではお前はその針を飲み込むことができるのか？」と諭して黙らせたという。

このことは、体躯の大小に関係なく、鍛錬精進を重ねた者には所詮叶わないという武術の本質が、上手な比喩で語られていて興味深い。

中国修行時代は、道場破りなどの乱暴狼藉者も跋扈していた訳だが、完文は現地での生活に溶け込みながら、徐々にこのような強靭なスピリッツと不屈の信念を養って行ったのであろう。

そして、今回の追加インタビューで最も衝撃的な発見は、一三年に渡る中国修行時代に、実は完文は数度沖縄に帰郷していたという事実である。今までの通説は、両親の勧めもあって修行中は一度も沖縄に戻っていない、というものであるが、それは事実と違うとH・K氏は明言する。

故郷に残した両親や兄弟のことが心配であり、また生活資金の工面や将来のことも色々相談する必要があったのであろう、とにかく幾度かは修行を中断して家族の元に戻っていたことを、完文はH・K氏の親族にこっそり打ち明けていた。しかし、だからと言って、そのことが完文の中国での修行自体の歴史的価値に、いささかの影響を与えるものではないことをここで指摘しておきたい。

（五）中国修行後の日々

明治四二年に完文は福州から沖縄へ正式に帰郷を果たし、ほどなく結婚して家庭を持った。拳法を人に教えることはしなかったが、第三中学校（現在の県立名護高等学校の前身）の生徒たちに、時折指南することがあったというエピソードを、伝聞情報として初版でご紹介したところである。

その点について何か口述が遺されていないかH・K氏に確認すると、「完文先生は帰国してから和歌山に出られるまでの間、近所の中学生たちに時々空手を教えていたと仰っていました。しかし、正式な空手の指導ではなく、どちらかというとお芝居みたいな感じの精神修養を兼ねたものだったそうです。

空手の先生であるということは伏せ、とにかく子供が好きだったので家にじっとしておられず、基本の技を踊りみたいにして手ほどきしていたというのが実情のようです」。と答えが返ってきた。この箇所についても、初版で紹介した伝聞が事実であったことを裏付けている。

とにもかくにも、都合一〇数年、異国の地で命を掛けて修得した拳法を、完全封印したまま日々の生活に埋没させてしまうのは、いかに忍耐強い完文であっても、耐え難いことであったのだろう。同様の心情の揺れは、和歌山で第一号の門弟となった友寄隆優との邂逅シーンにも垣間見ることができるのである。

（六）和歌山時代

完文の和歌山時代のことは、H・K氏はあまり聞いたことがないそうだが、紡績工場で働き、拳法を弟子に指導しながら、時折は繁華街に知人らと出向き、芝居を観たり食事をしたりするのが楽しみだったというエピソードを直接教えてもらったという。

沖縄に残した家族を養うため、やおら和歌山に単身赴任した完文であったが、どうやら、処世術としての適度な息抜きは十分に心得ていたようだ。

さて、昭和二一年晩秋、完文と高弟たちは和歌山から名古屋を経て沖縄に戻ることになるが、その直前、大阪・中之島公会堂（当時）において沖縄関係者の大会が開かれ、そこで完文もしくは高弟の誰かが型の披露をしたとの史実を初版でご紹介した。

刊行後、この時の演武者が誰であったかなどは、最早確認する術も無いと断念していたが、ひょっとしてとの思いで、この点についても何か聞き取っていないかH・K氏に尋ねてみた。

物事は何でも諦めずにトライしてみるものである。H・K氏は我々の質問に、じっと目を閉じながら記憶の襞を辿り、暫く間をおいてから驚くべき証言をしてくれた。以下そのままご紹介したい。

「確か、戦後に大阪でたくさんの沖縄県人が集まる会合があり、そこで演武をしたことがあると、タンメーから聞いたことがあります。何でも他の空手家が演武しているのを見て、居ても立ってもおられず、思わず飛び入りで参加したと。当時大阪では上地完文と名前を紹介されても誰も知らないので、それならば、実際に型を披露しておこうと思われたようです。かねがね、上地流こそが本物の拳法というお考えでしたから、その時の気持ちも理解できるような気がします。」

初版で書き残したもやもやのうちの一点が、またしてもH・K氏の証言でからりと晴れる結果となり、研究会メンバーにとっても、望外の喜びとなった。

（七）伊江島研究所のことなど

戦後、S・K氏兄らとともに、伊江島に居留した完文は、ほどなく米軍の資材を活用して、バラックの道場を開設した。それなりの人数が稽古に出入りしていたが、最初は床代わりにアダンで編んだ筵を敷き、そのうちに、黒いゴムのようなシートをカッターで切って並べて稽古していたという。入口には筵が下がっており、棒で押し上げてから中に入る構造だったそうだ。

完文の指先の鍛え方には様々なエピソードが残されているが、この頃H・K氏は、兵隊が遺した鉄兜に干したイワシを入れ、片手の抜き手で突いて細かく砕きながら、もう片方の抜き手で自分の足を突いて鍛える光景を目にしている。現代と異なり、本当に鍛錬と生活が密着していたことを示す一例と言ってよいだろう。

また、中国修行時代には製薬方法も学ばれていたそうで、「いーち（上地）草」の話も時折聞いてはいたが、今や製法は誰も知らないであろうとのこと。ただ、弟子たちには、「唐手で心身を鍛えれば、病気の方から逃げて行く」と常々言われていたことを覚えているそうである。

当時はまだ中学生だったH・K氏も、畑仕事の合間などに習うほか、時折道場で大人たちの稽古を見る機会があったが、その時の完文の型が今でも鮮明に瞼に浮かぶという

目にも止まらない速さで突きや蹴りが繰り出され、あれだけの技が使える空手家は今はもう居ないであろうと確信しているそうだ。その意味でも、現在の上地流は流祖の技法とはかなりかけ離れてしまった感が否めないというのが、H・K氏の率直な印象であり、後進となる我々修行者は、しっかりと心に留めなければならないと考える。

少し話題は変わるが、実は初版刊行後、この伊江島で道場を開いていたのだから、ひょっとして占領軍兵士との交流があったのではないか、という疑問をずっと抱いていた。その答えはH・K氏

からではなく、S・K氏兄へのその後の追加取材で返ってきた。

やはり、実際に米兵数名が珍しがって稽古を見学に来て、完文は多少の手ほどきをしていたそうである。これも今回初めてわかった新たな足跡と言える。

もしその米兵たちが写真やフィルムを残していたら、ひょっとしたら伊江島道場の当時の様子を知ることができるかも知れない。そのアクションについては、今後米軍に照会を行うなどして、伊江島占領部隊が残した記録を丹念に調査してみたい。

最後に、故人の没年に関する記録の件で、どうしてもここで触れておきたい。本書でも引用文献として多用した『精説・沖縄空手道―その歴史と技法』では完文は昭和二三年一一月に病没とされている。

しかし、S・K氏兄やH・K氏は、それはクリスマスイヴの当日であったと主張する。なぜそのような記録の相違が生じているのかいささか不思議だが、お二人とも完文が逝去した当日は、米兵

上地流唐手道修武会記念撮影（1956. 7. 29）
最前列左から高良信徳氏、上地完英氏、新城清優氏、玉村進氏、S・K氏兄。いずれも完文の衣鉢を継ぐ高弟たちだ。

が海岸など島内のあちこちで、盛大にクリスマスを祝っていたことをはっきり覚えており、日にちに間違いは無いという。

流祖・完文逝去の場に居合わせたお二人の記憶が間違っているとは考えにくいが、この点は、本改訂版でも見解の異なる究明課題として紹介しておくに止めたい。

第七章

武魂伝承―それぞれの上地流唐手道

(一) 和歌山・上地流空手術研究所のそれから

上地完文亡き後、主だった斯道承継者達がいかなる軌跡を辿ったかについて、最後にまとめておきたい。先ずは、和歌山に留まった完文の一番弟子、友寄隆優についてである。

一九四六年一一月、完文が主だった門弟たちを引き連れて沖縄に戻った後、友寄は師匠が和歌山に遺した上地流の灯を消してはならないとの思いで必死であった。

しかしながら、所詮日本は敗戦国。和歌山にも米軍が進駐し、戦後の混乱は人々の生活を一変させてしまった。

「唐手の修行より先ずは飯」の時代であり、ＧＨＱが日本軍国主義の象徴として剣道や柔道の稽古を禁止したこともあり、公には道場を開くことが難しい時期だった。

終戦から数年が経過し、徐々に世情も落ち着きを取り戻すと、友寄は手平にあった「沖縄協會和歌山本部会館（沖縄県人会館）」を道場として、完文の衣鉢を継いで稽古を再開した。

その後、沖縄県出身者以外の一般会員なども積極的に受け入れながら、一九六一年五月、現在の隆聖館道場を建てて、本格的な指導に乗り出したのである。

友寄隆優は上地完文の教えを忠実に守り、鍛錬第一を本義として門弟の育成に邁進した。生前は、和歌山隆聖館はいずれの組織にも属することなく、独自の道を歩むと高弟たちに語っていたという。

門戸を広く開放し、地元警察などにも指導に出向く傍ら県人会会長を長く務めるなど、地域社会での厚い人望と信頼感は、約五〇年の歴史を誇る和歌山隆聖館・友寄道場に今日も脈々と受け継がれている。

沖縄協會和歌山本部（上地流和歌山修武館）跡地（和歌山市手平）

友寄が育てた高弟及びその一門には、子息、故・隆吉氏（三代目館長）、隆雄氏（四代目館長）、中口　進氏、井ノ上定信氏らがいるが、中口氏は現在も道場で友寄隆兄館長の後見役として、日々後進の指導に余念がない。

かくして、上地流唐手道和歌山隆聖館・友寄道場は、まさに上地流唐手道発祥の道場として、しっかりとその伝統と歴史を守り続けているのである。

また、上地完文二人目の門弟として名を馳せた上原三郎は、

筆者組織主催の大会で三十六を演武する
上原 勇師範（2008年9月、鎌倉武道館）

一九四六年（昭和二一年）、師匠の後を追うように大阪から沖縄に帰郷。荒廃した青年達の人生の指標とすべく、上地完英を補佐しながら、上地流唐手の普及に意欲的に取り組んだ。後に上地流空手道振興会を設立し、子息、武信氏、勇氏を承継者として、独自の立場から上地流の更なる発展に尽力した。セーチンの型は上原三郎の考案による。

なお、上原 勇氏は若干二四歳の時に上京。東京オリンピックの翌年＝一九六五年（昭和四〇年）には新宿区弁天町に道場を開設するなど、上地流関東進出のパイオニアとして今日も活躍している。

その後、関東には筆者の先々代師匠に当たる故・米須清（神奈川）や、下地派上地流宗家の下地康夫氏（東京、神奈川）、国際上地流空手道與儀会館関東本部の漢那安教氏らが相次いで道場を開き、今日の隆盛を迎えるのである。

（二）尼崎・上地流空手術研究所のそれから

上地完英から尼崎の研究所を受け継いだ糸数盛喜のその後の足跡は第五章に紹介した通りであるが、一九四七年（昭和二二年）に完文、完英父子の後を追うかのごとく沖縄に帰郷した。

道場を設けて後進の指導の傍ら、セーサンの前段の型ともいうべき第二セーサン（完周）を考案し、上地流空手道協会の要職も歴任するなど、斯道の普及に大きく貢献した。

棒術を演武する糸数盛昌氏（盛武館本部）

交流稽古の後で糸数会長らと懇談する
沖縄上地流唐手道協会東京本部幹部

その後、一九七八年（昭和五三年）に範士十段を取得。斯道の原点を目指すべく、半硬軟（パンガヰヌーン）流空手道連盟を設立し、現在は沖縄硬軟流空手道協会に組織を変え、長子・盛昌氏が会長としてその衣鉢を受け継いでいる。

ちなみに筆者は一九八〇年（昭和五五年）の入門だが、当時の道場名は半硬軟流空手道連盟八王子守礼館（館長・下地康夫氏）であり、糸数盛喜の系譜を引くこととなる。（巻末資料参照）

（三）伊江島・上地流空手術研究所のそれから

上地完文亡き後、伊江島の研究所を引き継いだS・K氏兄だが、やがて新城清優や友寄隆宏氏らが相次ぎ本島に移ってしまい、自身の仕事や諸々の事情も重なって道場継続を断念。止む無く閉鎖を決断したという。

その後不幸にして自宅が火災で全焼し、和歌山、伊江島研究所時代の貴重な写真なども全て失ってしまったそうで、上地流唐手道史研究の観点からも誠に残念でならない。

上地完文が逝去して六六年の歳月が流れたが、和歌山時代から生活と鍛錬を共にしたS・K氏兄は、今日もなお師匠に尊敬と思慕の念を寄せながら、兄弟で元気に毎日を過ごしている。

幾度目かの取材の折に、サンチン、セーサンの技はもちろん、完文のサンダールイ（サンセーリュー）を思い出しながら初動の「渡り受け」を披露頂いたが、その時の目は、まさに武術修行を志す青年のように光り輝いていた。

Ｓ・Ｋ氏兄は言う。「上地流は完文先生が中国で苦労して持ち帰った最強の拳法。稽古をすればするほど強くなる。これからも皆さんで是非磨き上げていってください」

（四）上地流宗家二世・上地完英のそれから

一九四二年四月、戦局も風雲急を告げるかのような世情のなか、上地完文の承継者である完英は、妻と二人の子供を伴って、母・ゴゼイや妹、弟が待つ名護・宮里に帰郷した。

尼崎の道場は糸数盛喜や古堅宗隆ら高弟に預けた形だが、やはりそこは武術師範。早速実家の庭先で、弟の完清（後の名護修武館館長）や近所の若者たちに、父から受け継いだ上地流空手術の指導を開始したのである。

ほどなく名護で沖縄県主催の柔道、剣道、唐手道の演武大会が開催され、完英は流派代表として参加し、そこで剛柔流代表の宮城長順と並んで堂々の演武を行っている。大阪時代に宮城の訪問を受けて以来、二度目の面会であった。

その後完英は旧日本陸軍より召集令状を受け、伊江島の守備隊に配属されて、滑走路建設などに従事しており、時折催された兵隊慰安の演芸会で唐手を演武することもあったことは、先に紹介したS・K氏の証言通りである。

伊江島に米軍が上陸作戦を敢行する一九四五年（昭和二〇年）四月の直前、完英は守備隊指揮官の特別の計らいもあって本島の部隊に転属となり、かろうじて戦死を免れることができた。このことは、戦後の上地流発展史においては特筆すべき事実である。

歴史に「もし」は無いにせよ、仮に完英がそのまま伊江島に留まっていたならば、戦禍に巻き込まれ、上地流は今日の隆盛を見ることはなかった可能性が高いからである。

一九四五年八月一五日、ようやく第二次世界大戦は終焉を迎え、沖縄は米軍占領統治のもと、復興に向けて廃墟から一歩を記すことになった。

命ある者で力を合わせ、戦争犠牲者を弔いながら、先ずは日々の生活を立て直してゆかなければならない未曾有の困難に立ち向かって行ったのである。

そのような戦後の大混乱期にありながら、上地完英は上地流の道統を維持拡大すべく、一九四八年頃から活動を再開。

昔の門弟たちに声掛けし、各地の演武大会などに参加して、戦争に打ちひしがれた沖縄の人々の心に勇気を灯しながら、流派の知名度を徐々に高めてゆく努力も怠らなかった。

完英の演武を目にしたのは沖縄県民に留まらない。一九九七年の沖縄タイムス紙によれば、恐らく一九四六年のことかと思われるが、完英は佐敷村（当時）の米軍施設に招かれて唐手の演武を行っている。その時の写真には、白い短パンに素足、上半身裸の完英が米国軍人らを前にサンセーリューと思われる型を演武している様子が写っており、その鍛えぬいた驚異の肉体と力強い技使いに、一同感嘆したに違いない。

本書執筆のための取材で耳にした話しであるが、上地完英が米軍関係者から、この演武会場にいた軍用犬（シェパード）と素手で闘って倒せるかやってみるか？　と聞かれ、「やってみたい」と答えたが、誰かが止めに入って実現しなかったという。（もし闘うことになったら、小拳で頭部の急所を狙うつもりだったと後日懐古している）

このような米軍関係者への演武は、後に将校・兵隊や家族、基地関係者らが相次ぎ上地流唐手道場の門を叩く動機となり、彼らの除隊、転属により、米国を始めとする世界各地に斯道が広がってゆく歴史の第一ステップとなったのである。

一九四九年（昭和二四年）四月、完英は生活の安定と本格的な指導再開のため、名護・宮里を引き払い、宜野湾市野嵩に茅葺の小さな自宅兼道場（上地流空手術研究所）を設けた。父・完文が逝去した翌年のことである。

高良信徳範士の三十六演武（2013年10月）

筆者が現在所属する沖縄上地流唐手道協会相談役の高良信徳範士は、一九五〇年（昭和二五年）にこの野嵩の道場に入門。戦後一貫して師匠を支えながら上地流唐手とともに歩んできた。

上地完英については小柄ながら力強く、何よりも敏捷であったことや、特に足先蹴りが突き刺すような感じの鋭い蹴りであったことなどが印象に残っているという。

この野嵩の研究所には、他にも和歌山時代の上地完文の弟子である新城清優や當山清幸らも通うなど、今日の沖縄上地流の基礎を築いた錚々たる顔ぶれが揃っていた。

またほぼ時を同じくして、完文の高弟である上原三郎が宇栄原（那覇）に、完英の尼崎時代の高弟である糸数盛喜が神里原（那覇）に道場を構え、完英を中心に三つの道場が相互に連携しながら、時には良きライバルとして切磋琢磨して行ったのである。

その後、上地完英は現在の普天間に道場を移設。門弟を徐々に増やしながら今日の隆盛の基礎を築き、父・完文が遺した拳法とその名声を不動のものとした。（その後一九五九年＝昭和三四年七月、完英は先輩弟子である友寄隆優が証書に添え書きする形で、父・完文名により範士号を授与されている）

ここで、上地完文の技法と完英の技法の差異について触れておきたい。完文の技法を現在最も忠実に伝えるのは、今回の取材の結果から総合すると、和歌山隆聖館・友寄道場であると考える。

この両者の差異は例えば、廻し受けの軌道、サンチンの立ち方、足運び、構え手の使い方、蹴足、などに顕著であるが、一体なぜこのような差異が生じたのであろうか。（恐らく一九五〇年代後半から徐々に技法的な変化を遂げて行ったと推察する）

紙幅も余りないため詳細は別の機会に譲るとして、筆者は大きくその要因を三つに集約して整理している。

一つは戦前戦後を通じた他流派（糸東流、剛柔流）との交流研鑽による改善、二つめは米軍関係者など、体格や言語が異なり、かつボクシングなど他の格闘技経験者が増えたことによる指導上のわかりやすさや組手技術向上のための改善、そして三つめが空手がその普及に伴い、武術から武道、さらにはスポーツ或いは健康法としての要素を強くしていったことによる改善である。

しかし、このことはあらゆる武術が時代の変遷と共に背負う宿命＝近代化であり、筆者は肯定的に理解しているが、一方でその原点源流も忘れることなく追求、保存すべきであると考える。言い古された言葉ではあるが、まさに「温故知新」である。

筆者は一九八六年（昭和六一年）に初めて沖縄を訪問し、実は一度だけだが宗家道場にて上地完英師から直接指導を受けたことがある。

当時はまだ半硬軟流空手道連盟八王子守礼館という別組織に所属し、かつ事前のアポイントもない大胆な訪問であったにも関わらず、完英師は温かく迎え入れてくださった。

緊張しながらも、約二時間にわたって丹念に型をチェック頂き、思いもかけず二階のご自宅でお茶を頂戴しながら談笑する機会を得た。

その時の内容は全てノートに記録しているが、惜しむらくはカメラを持参しなかったため、稽古を含め一枚も写真が無いことと、上地完文や技法の変遷などについては思い至らずに、一つも質問していないことである。

我ながら、無鉄砲というか若気の至りというか・・・。若い時分の微笑ましくも、ほろ苦い想い出のひとつとなっている。

もしその時、上地完文に流祖としての高い関心を持っていたならば、徹底的に質問したであろうし、本書の紙数もさらに増えていたはずである。

読者諸賢において、完英師から上地完文の足跡などについて直接お聞き及びの方がおられれば、是非ご教示をお願いしたい。

最後に、完英師の偉大さについては、完文が一子相伝として上地家だけに遺そうとした三十六（サンダールイ＝サンセーリュー）の型を惜しむことなく高弟達に伝授していった点と、自由組手に独自の研究と改良を加え、武術としての完成度を高めていった点を忘れてはならない。

ここにも、完英師が上地流唐手を新しい時代に向けて昇華、或いは進化させてゆこうという強い決意と信念が読み取れ、我が上地流唐手史において高く評価されるべきであろう。

終章

本書執筆のために、二〇〇九年夏から足掛け五年の取材を重ねた。もちろん、筆者だけでは到底カバーできないため、「パンガヰヌーン拳法研究会」メンバーの協力を得てのことである。

取材や調査を重ねるうちに、どんどん新しい事実や疑問を発見して、一体いつになったら執筆を開始できるのか見当もつかなくなった時期もあった。

元々執筆の動機は何だったのか？ と問われたら、実はよくわからない気もするが、一言で簡潔に表現すれば、「自分自身が日々向き合っている上地流唐手のルーツ探し」という感じであろうか。

筆者は一八歳で郷里熊本から大学進学のため東京・八王子市内に転居し、かねてより念願であった空手の稽古を始めるべく、道場探しのためアパート近くのバス停に立った。

ふと近くの電柱に貼られたチラシに目をやると、「会員募集！ 半硬軟流空手道連盟 八王子守礼館」と書いてあった。(同じチラシを今でも大切に保管している)

半硬軟流・・・？ 今まで聞いたこともない流派名であるが、アパートからさほど遠くない丘陵の中腹に道場があることがわかり、その日のうちにそのまま見学へ。

そこには下地康夫館長と山田師範代(当時)の指導のもと、数名の会員が熱心に稽古に励んでいた。

先ずは稽古を見学をさせてもらうことになったが、サンチンや小手鍛えなど、自分が「空手」について持っていた予備知識やイメージをことごとく覆されるメニューや技使いであり、そのユニークさに「ひと目で」魅了されてしまったのである。先生方の飾らない、きさくな雰囲気も気に入った。即日入門してから、週に三～四回の稽古に夢中で打ち込み、先生や先輩方と道場で楽しく汗を流しているうちに、あっと言う間に大学在学の四年間が過ぎた。

山田師範から、「この流派は元々は沖縄の上地流という流派で、初代・上地完文は若い頃中国に渡って拳法を学んだが、その拳法がパンガヰヌーンという流派だった」と聞いていたこともあり、その後ずっと、「パンガヰヌーン」とは一体どのような意味なのか、という疑問が私の頭の片隅で燻り続けていたのである。

その後暫くは、自身の主宰する道場や連帯組織を立ち上げ、運営することで手一杯となったため、そのような流派のオリジナリティを追及するところまでの余裕は全くなかったが、徐々に指導者や後進が育つにつれ、再び、「パンガヰヌーン」とは?、上地完文とは? という関心が日に日に頭のなかで鎌首をもたげてきたのである。

そのような経緯を辿って冒頭の伊江島訪問に至るのだが、流祖・上地完文の素顔と偉業の一端に触れながらも、その足跡を客観的に書き残した史料が極めて少ないことに気づき、自身の力量不足も顧みず、本書執筆を思い立った次第である。

もちろん、本書が上地完文の全てを描き尽くせるはずもないが、しかし今取材を敢行しておかなければ、永遠に我が上地流の流祖に関する新事実を集めることができなくなる、という危機意識が私の背中を強く押した。

五年間の取材過程においては、本部（生誕の地）、中国福建省福州（武者修行地）、和歌山（上地流開花の地）、大阪・兵庫（上地流伝播の地）、そして伊江島（上地完文終焉の地）と、主な縁の地に自らの両足で立つことにより、その土地が持つ独特の空気、そして完文の残した残像と息吹を五感で感じることができた点が、何よりの収穫であったかも知れない。

現代は「グローバル社会」と盛んに標榜されるが、我が上地流流祖・上地完文は、明治、大正、昭和という激動の時代を時間軸に、沖縄、中国、関西と大胆に勇躍しながら、自らの運命を力強く切り開いていった点において、まさに「グローバル市民」の先駆け的な存在であったと言ってもよいだろう。

本書執筆の取材に当たって、どうしても面会しておきたかったにも関わらず、遂に叶わなかった方がいる。それは故・當山清幸師範（一九二八～二〇〇九）である。

當山師範は少年時代に上地完文から特別に許されてパンガヰヌーン流空手術研究所に入門し、戦後は完文と共に沖縄に戻って以降、生涯現役を貫いた偉大なる先達である。読者諸賢も、インターネットの動画サイトなどでご存知の方も多いであろう。

もし當山師範との面会が叶っていたならば、本書もさらに充実した伝記となっていたであろうが、残念ながら、アポイントを入れようとした直前にご逝去され、ご霊前にて只々ご冥福をお祈りするしかなかった。

また、取材の過程で沢山の関係者にお会いし、執筆のためだけの交流に止めるのはいかにも勿体ないとの思いから、上地流の聖地＝創始の地である和歌山に一同が集い、先達を追慕しながら共に汗を流して連帯を図るというイベントを挙行することとした。

二〇一三年（平成二五年）一月、上地完文とその一番弟子たる友寄隆優のＤＮＡを受け継ぐ和歌

交流会におけるセーサン型三者同時演武

交流会記念撮影

山隆聖館に、完英とその弟子、古堅宗隆が遺した巴会塚口道場と沖縄上地流の関係者が集まって謝恩交流会を開催したのである。

交流会では、サンチンや小手鍛え（腕固め）などのメニューのほか、それぞれに独自の技法を織り込むセーサンの型を同時演武して、どのような相関や相違があるかなどを学ぶことができ、大変貴重な研鑽の場となった。

交流会の間中ずっと、上地完文・完英父子、友寄隆優など、上地流の先達が微笑ましく我々を見守っているかのような感覚に包まれていたのは筆者だけであろうか・・・。

いまここに、五年間の取材成果を余す所なく書き終えて、重かった肩の荷がようやく下りたような気がしている。

最後に顧みれば、舞踊や民謡と同じく、唐手が沖縄県民のアイデンティティーとして日々の暮らしにしっかり寄り添い、多難な時代であった戦前戦後を支えてきたことを多少なりとも浮彫にできた点も、本書の収穫のひとつであったかも知れない。

本書が、全ての上地流唐手修行者にとって、自身の流祖の生き様を知るきっかけとなることを願いつつ、筆を置きたい。

読者諸賢のご批評、ご感想などをお寄せ頂ければ幸甚である。

二〇一四年四月

（補記）

取材の過程で知り得た事実のうち、個人のプライバシーなどの関係で、止む無く本書での紹介を差し控えたことなどについては、別紙にそのままを記録、保存することにより、後世への参考資料としたい。（事情により本書で匿名とさせて頂いた方々の実名も同じく記録する）

なお、当該資料は、パンガヰヌーン拳法研究会メンバーにより共同保管し、将来開示する必要が生じた場合、或いは開示の条件が整ったと判断された場合は、全員の同意を得て公開を行うこととする。

あとがき

平成二六年五月、約五カ年にわたる取材調査を経て、『拳父 上地完文風雲録』をようやく刊行することができた。

刊行後には上地流修行者だけでなく、他流派を含む斯道関係者や沖縄県の関係部局などからも様々なご意見、ご質問などをお受けし、その反響の大きさに「パンガヰヌーン拳法研究会」メンバーも正直驚きを隠せなかった。

もちろん、完文の和歌山時代からの門弟であり、本書にも登場頂いた「S・K氏兄」(伊江村在)からも、称賛のお言葉を頂いたことは、何よりの喜びである。

更には、上地流を始めとする沖縄空手が、今日では世界各地に普及し、その愛好者から英訳版の早期刊行を求める声が出てくるのは当然の流れであり、翻訳プロジェクトチームを結成し、編纂を終えたところである。

さて、ちょうど英訳版刊行の検討を始めた頃に「S・K氏兄」とのやり取りの中で、同氏夫人(以下H・K氏）が沖縄本島にお住まいで、中学生時代に完文との交流があったので是非訪ねてみて欲しいとの要望を頂いた。

これも何かのご縁であり、少しでも流祖にまつわる情報を収集しておきたいとの思いから、平成二六年九月、沖縄上地流唐手道協会関係者で面会してみると、H・K氏も終戦直後の伊江島で完文と生活を共にし、しかも唐手の手ほどきを受けていたという事実が判明した。新たな証言者の登場である。

そこで、研究会では再度正式にインタビューを申し入れ、完文に関する詳細な記録保存と足跡の確認に取り組むことにした。

年が明けて平成二七年一月、研究会及び協会代表者の二名でH・K氏を訪ね、予め用意したインタビューシートに基づいて聞き取りを行うと、次から次へと完文の足跡や口伝に関する驚くべき新証言が飛び出し、特に中国福建修行時代について、高弟たちにも伝えていない内容も多く含まれているなど、まさに一級品の情報と言ってもよかった。

Ｈ・Ｋ氏は本年で御年八一歳ながら、年齢を感じさせないくらいに若々しく、かつ当時の記憶も鮮明。我々のインタビューに喜々とした表情でお答え頂いた。

「今回取材を受けて、忘れかけていた完文先生との懐かしい日々が鮮明に蘇ってきました。本当にありがとうございます。完文先生が今ここに居られるような気がします。」これがＨ・Ｋ氏から取材中に幾度も頂いた言葉である。

インタビュー結果を要約すれば、伝記初版で推定として記述した完文にまつわるエピソードの大半が史実であったこと、そして完文の師匠は「周子和」であるという強い確信を持つに十分なものであったということだ。

伝記初版刊行前にＨ・Ｋ氏に出会っていれば、内容構成や記述もかなり異なっていたに違いないと考えるが、研究会メンバーで検討した結果、Ｈ・Ｋ氏の証言によって新たに判明した事実を、伝記初版にそのまま追補する形で編集し、今回改訂版として刊行することにした次第である。
なお、改訂版では、S・K氏兄のご協力で作成した、「パンガヰヌーン流空手術研究所」（昭和七年、和歌山市手平に開設）の間取図も参考資料として新たに追加した。

本書が、斯道関係者の研鑽・研究の糧となることを願って止まない。

平成二八年十二月二三日

パンガヰヌーン拳法研究会代表
（沖縄上地流唐手道協会副会長・東京本部長）
藤本　恵祐

パンガヰヌーン流空手術研究所近隣及び見取り図

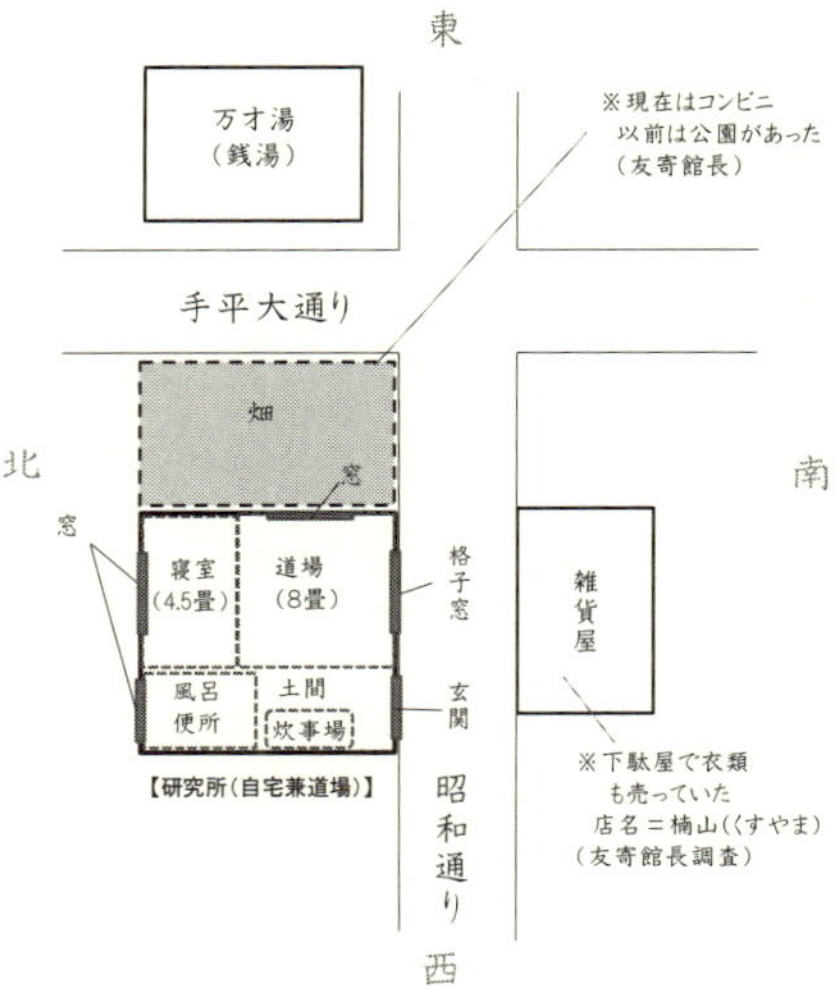

巻末資料

☆巻末資料（Ⅰ）「上地完文の足跡を読み解くための歴史年表」

西暦年（和暦年）	上地流関係者の主な足跡	国内外の主な出来事
1874年（明治7年）	周子和生誕	台湾出兵で日清関係悪化
1877年（明治10年）	**上地完文生誕**	西南戦争勃発
1879年（明治12年）		琉球処分断行
1884年（明治17年）		那覇～鹿児島、大阪間定期航路開設
1894年（明治27年）		日清戦争勃発
1897年（明治30年）	**完文が渡清**、友寄隆優生誕	日本移民680名ハワイに到着
1898年（明治31年）		沖縄に徴兵令施行
1900年（明治33年）		義和団の乱勃発
1904年（明治37年）		日露戦争勃発
1906年（明治39年）	**完文が中国で道場を開く**	満州鉄道㈱設立準備開始
1909年（明治42年）	**完文が清国より帰国**	伊藤博文が暗殺される
1911年（明治44年）	上地完英生誕	辛亥革命勃発
1912年（大正元年）		中国・清朝滅亡
1914年（大正4年）		第一次世界大戦勃発
1915年（大正5年）		宮城長順が福州に渡る
1922年（大正11年）	上地完清生誕	本部朝基が京都の興業試合でボクサーを倒す
1923年（大正12年）		関東大震災起きる
1924年（大正13年）	**完文が和歌山に転身**	摩文仁賢和、宮城長順らが沖縄空手研究倶楽部を設立
1925年（大正14年）		ラジオ放送開始

西暦年（和暦年）	上地流関係者の主な足跡	国内外の主な出来事
1926年（昭和元年）	**完文が社宅で拳法指導開始** 周子和逝去	昭和金融恐慌が起きる（沖縄経済も破綻へ）
1927年（昭和2年）	完英が和歌山に転居、入門	大阪市営バス開業
1929年（昭和4年）		摩文仁賢和が大阪に道場開設。 船越義珍が空手に改称
1930年（昭和5年）		呉賢貴が関西大学で演武、 宮城長順が剛柔流を名乗る
1932年（昭和7年）	**完文がパンガヰヌーン流空手術研究所を開設**	上原三郎が大阪に転居し、 摩文仁賢和らと交流する
1934年（昭和9年）	**雑誌「空手研究」に完文が登場し摩文仁賢和と交流を持つ**	摩文仁賢和が糸東流を名乗る
1939年（昭和14年）	完英が大阪支部を設立、摩文仁賢和、宮城長順らと交流	友寄隆正が賢友流を創流
1940年（昭和15年）	友寄隆優が五段を授与される 完英が兵庫尼崎に**上地流空手術研究所を設立**	米、小麦粉の配給制開始 大政翼賛会設立
1941年（昭和16年）	完英が五段を授与される	日本、米英国と開戦
1942年（昭和17年）	完英が沖縄に帰郷	ミッドウェイ海戦で日本軍大敗
1945年（昭和20年）	友寄隆優が完文より範士号を授与される	和歌山市大空襲、沖縄戦激化、 第二次世界大戦終結
1946年（昭和21年）	**完文が沖縄に帰郷、翌年伊江島に道場を開く**	南海大地震起こる
1948年（昭和23年）	**上地完文逝去**	東京裁判結審
1949年（昭和24年）	完英が野嵩に道場を開く	中華人民共和国成立

☆巻末資料（Ⅱ）「パンガヰヌーン拳法・上地流唐手伝承の系譜」

李昭北・柯細梯 ―― 周子和（1874～1926） ―― 周振群（1888～1968） ―― 郭孔熙（1904～2112）

◆福建省虎拳・鶴拳 ―― 陳先生 / 洪先生

周子和 ―― 上地完文（1877～1948）

- 上地完文（1877～1948） ―― 友寄隆優（1897～1971） ―― 友寄隆吉（1930～1994） ―― 友寄隆雄（1943～ ） ―― 友寄隆兄（1963～ ） ◆上地流唐手道和歌山隆聖館
- ―― 上原三郎（1900～1965） ―― 上原武信（1930～ ）・上原　勇（1939～ ） ◆上地流空手道振興会
- ―― 上地完英（1911～1991） ―― 上地完明・上地完尚（1941～2015） ◆上地流空手道協会
- ‥‥
  - 糸数盛喜（1926～2006） ―― 糸数盛昌（1950～ ） ◆沖縄硬軟流空手道協会
    - 米須　清（1942～1984） ―― 下地康夫（1951～ ） ◆下地派上地流空手道
      - 山田親和（1946～2011） ―― 藤本恵祐（1961～ ） ‥‥ ◆沖縄上地流唐手道協会
  - 古堅宗隆（1920～2004） ―― 福島寿礼（1932～2008） ◆上地流唐手道巴会
  - 高良信徳（1930～ ） ―― 高良一也（1959～ ） ‥‥ ◆沖縄上地流唐手道協会
  - 与那嶺幸助（1939～ ） ―― 奥浜真三郎（1947～2015）・喜納健昌（1947～ ） ‥‥ ◆沖縄上地流唐手道協会
  - 大嶺信政（1934～ ）
  - 玉代勢勝次（1954～ ） ‥‥ ◆沖縄上地流唐手道協会
- ―― 新城清良・新城清優（1929～1981） ―― 新城清秀（1951～ ） ◆上地流拳優会
- ―― 當山清幸（1928～2009） ◆上地流空手道山会
- ―― 友寄隆宏（1928～ ） ◆沖縄空手道協会

※本書登場人物及び沖縄上地流唐手道協会関係者を中心に掲載

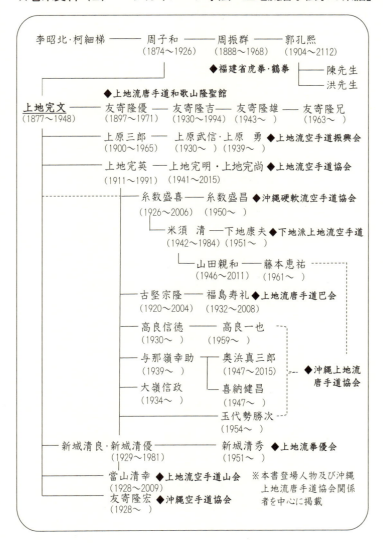

☆巻末資料(Ⅲ)「パンガヰヌーン拳法・上地流唐手人脈の系譜」

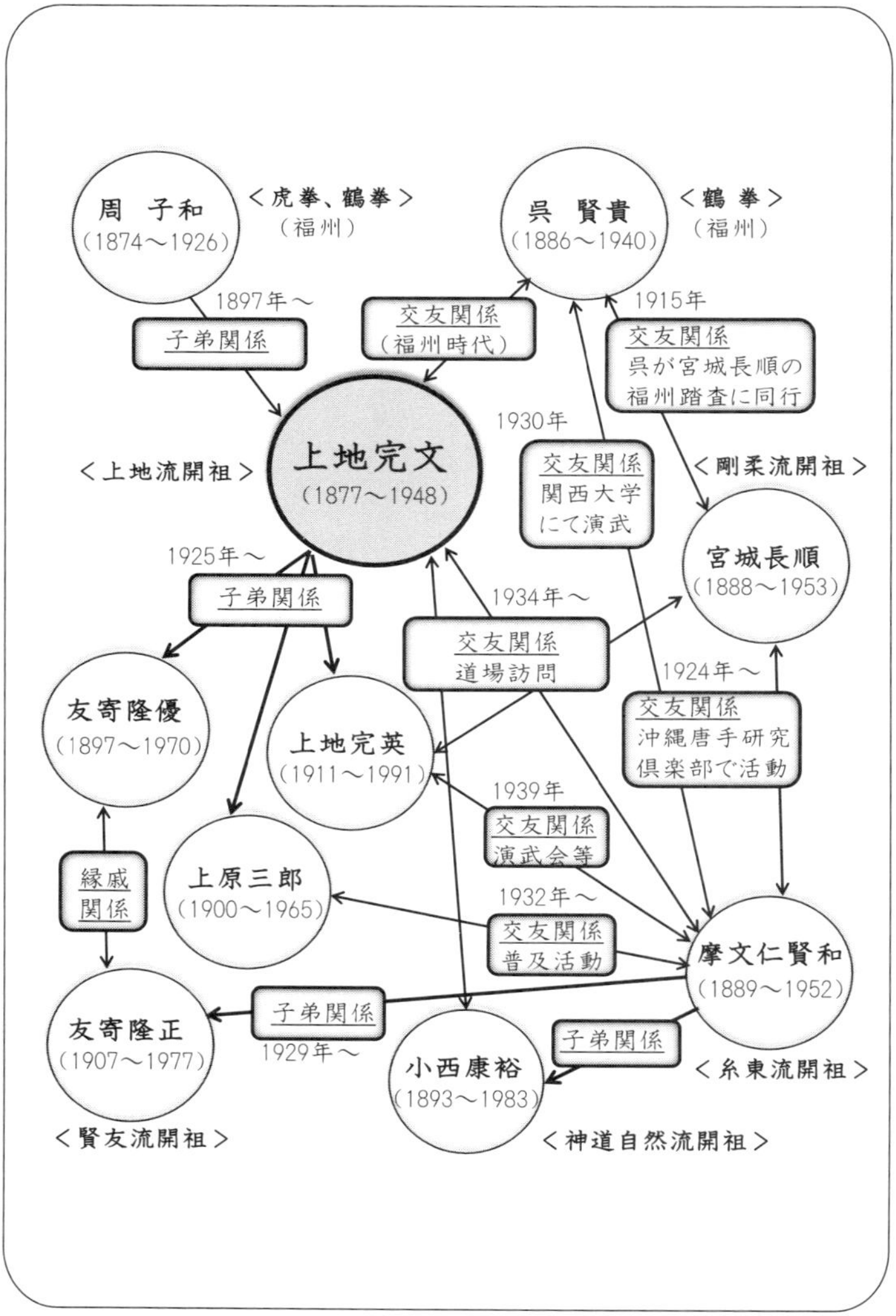

〈参考文献〉

○『精説・沖縄空手道 ― その歴史と技法』（一九七七年一一月・上地流空手道協会）

○『上地流空手道 中国から沖縄へ 沖縄からフランスへ』（二〇〇六年・島袋幸信著・リフレ出版）

○『沖縄空手列伝百人』（二〇〇一年・外間哲弘著）

○『沖縄の空手道 上地完文翁三三回忌追悼演武大会冊子』（一九八二年・上地流空手道協会）

○『空手道歴史年表』（二〇〇一年・外間哲弘著・エムティ出版）

○『月刊 青い海』（一九七八年二月号・青い海出版社）

○『空手研究』（一九三四年・空手研究社）※榕樹書林復刻版（二〇〇三年）

○『沖縄（岩波新書）』（一九八一年・比嘉春潮ほか著・岩波書店）

○『武士猿』（二〇〇九年・今野 敏著・集英社）

○『沖縄伝統空手『手』の変容』（二〇〇七年・野原耕栄著・球陽出版）

○『拳法概説』（一九三〇年・東京帝國大學唐手研究會）※榕樹書林復刻版（二〇〇二年）

○『沖縄の空手道』（一九七五年・長嶺将真著・新人物往来社）

○『虎形拳』（一九九八年・胡金煥ほか著・福建人民出版社）
○『賢友流空手道　創流七〇周年記念誌』（二〇〇九年・賢友流空手道本部）
○「和歌山市手平地区における沖縄県出身者コミュニティ」（一九九七年・和歌山地理第一七号）
○「関西における沖縄出身者同郷組織の成立と展開」（一九九七年・宮脇幸生著）
○「写真にみる　あのころの和歌山（本町編）」（二〇〇九年・和歌山市立博物館）
○『中国、一九〇〇年　義和団運動の光芒』（一九九六年・三石善吉著・中公新書）
○『琉球と中国　忘れられた封冊使』（二〇〇三年・原田禹雄著・吉川弘文館）
○『沖縄空手道協会関東支部　結成五周年記念誌』（一九九九年・沖縄空手道協会関東支部）
○『沖縄空手道協会東京本部　設立一〇周年記念誌』（二〇〇五年・沖縄空手道協会東京本部）
○『太平洋戦争と伊江島』（二〇〇九年・伊江村教育委員会）
○『南海電鉄百年史』（一九八五年・南海電気鉄道㈱）
○『阪和線の歴史』（一九八七年・中川浩一著）
○『日本空手道史概観』（二〇〇九年・笠尾恭二著）

【筆者略歴】藤本《ふじもと》 恵祐《けいすけ》

・1961年（昭和36年） 熊本県宇土市に生まれる
・1980年（昭和55年） 熊本県立濟々黌高等学校卒業、中央大学法学部入学
半硬軟流空手道連盟 八王子守礼館入門
・1982年（昭和57年） 初段取得
・1984年（昭和59年） 日本電信電話公社入社（現NTT）
・1987年（昭和62年） 道場加盟組織を上地流空手道協会（上地流宗家）に変更
（道場名を八王子柚木修武館に変更）
・1990年（平成2年） 八王子柚木修武館副館長に就任
・1995年（平成7年） 道場加盟組織を沖縄空手道協会に変更
湘南藤沢道場開設、初代関東支部長に就任
・1999年（平成11年） 五段・師範免許取得
・2002年（平成14年） 公式ホームページ開設
・2004年（平成16年） 関東支部及び湘南藤沢道場設立10周年記念事業開催
錬士六段取得
・2010年（平成22年） 道場加盟組織を沖縄上地流唐手道協会に変更、湘南修武館設立
教士七段取得
・2011年（平成23年） 沖縄伝統技芸振興会館（ゆめかなかん）開設
・2012年（平成24年） 福州市武術協会との交流会、周子和調査団に参加
・2014年（平成26年） 上地完文伝記初版刊行
・2015年（平成27年） 東京本部及び湘南藤沢道場設立20周年記念事業開催
・2017年（平成29年） 教士八段取得

拳父 上地完文風雲録　上地流流祖の足跡を訪ねて

ISBN978-4-89805-190-0 C0075

2017年8月25日　印刷
2017年8月30日　発行

著　者　藤本　恵祐
発行者　武石　和実
発行所　（有）榕樹書林
〒901-2211　沖縄県宜野湾市宜野湾3-2-2
TEL 098-893-4076　FAX 098-893-6708
E-mail：gajumaru@chive.ocn.ne.jp
郵便振替 00170-1-362904

印刷・製本　（有）でいご印刷